해설사 따라 역사여행

해설사 따라 역사여행

발행일   2020년 10월 19일

지은이   박상용
펴낸이   손형국
펴낸곳   (주)북랩
편집인   선일영   편집   정두철, 윤성아, 최승헌, 이예지, 최예원
디자인   이현수, 한수희, 김민하, 김윤주, 허지혜   제작   박기성, 황동현, 구성우, 권태련
마케팅   김회란, 박진관, 장은별
출판등록   2004. 12. 1(제2012-000051호.)
주소   서울특별시 금천구 가산디지털 1로 168, 우림라이온스밸리 B동 B113~114호, C동 B101호
홈페이지   www.book.co.kr
전화번호   (02)2026-5777   팩스   (02)2026-5747

ISBN   979-11-6539-425-7 03910 (종이책)   979-11-6539-426-4 05910 (전자책)

이 도서의 국립중앙도서관 출판예정도서목록(CIP)은 서지정보유통지원시스템 홈페이지(http://seoji.nl.go.kr)와
국가자료공동목록시스템(http://www.nl.go.kr/kolisnet)에서 이용하실 수 있습니다.
(CIP제어번호: CIP2020043890)

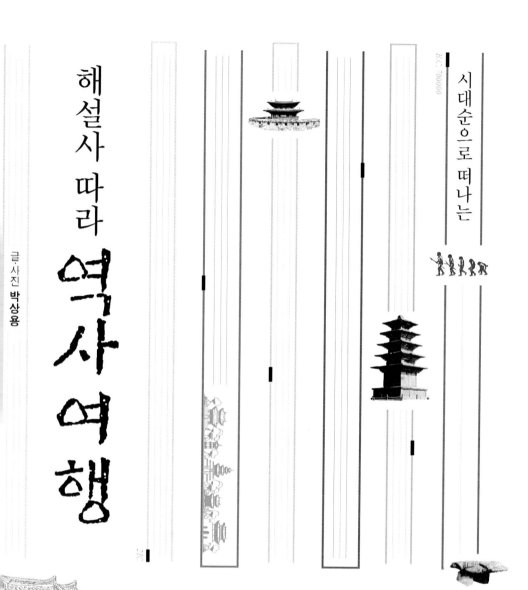

글 · 사진 **박상용**

해설사 따라
역사여행

시대순으로 떠나는

B.C. 700000

선사시대부터 대한민국까지
해설사 박상용과 함께 떠나는
전국 방방곡곡 역사여행!

북랩 book Lab

책을 내면서

역사여행 안내하면서 했던 말을 정리했습니다.

저는 2001년 시행된 문화관광해설사 초기 멤버로 해설 경력이 20년 되어 가고, 역사여행사를 운영하면서 역사유적지에서 해설하고 문화유산과 유적지 해설 기법 등을 강의하고 있습니다. 강의 인연이 꼬리를 물어 관련 책을 내고, 방송에 출연하고, 그 연은 다시 《전남매일》 '박상용과 역사여행'이란 이름의 여행 이야기 연재로 이어졌습니다. 연재되었던 원고를 시대 순서로 편집해 이 책을 냅니다.

2주에 한 번씩 썼던 글이라 주제별 깊이가 일정치 않으며, 원문을 실었던 매체가 신문이어서 매편 글이 나오는 시기도 고려했기에 책을 펴내고 읽는 지금 시점과는 동떨어진 내용도 있을 것입니다.

그리고 역사 전문가가 아닌 현장에서 말하는 스토리텔러인지라 재미를 부각시키려다 보니 학술적인 논쟁으로 따질 오류도 보일 것입니다. 그 부분이 제일 조심스럽습니다. '해설 때 이렇게도 말하는구나.'라며 가볍게 봐 주시면 좋겠습니다.

책으로 나오기까지 도움받은 인연이 많습니다. 모든 인연에 감사합니다. 무엇보다도 제 여행길에 이야기를 들어 준 학부모님들과 역사 공부를 하는 친구들에게 감사합니다.

사람이 하는 일이 사명감, 명예, 돈 때문이라도 좋습니다.
다음 세대를 위해서 희생했던 앞 세대 사람들, 지금도 다른 누군가를 위해서 자기를 희생하는 사람들, 미래를 위해 지금의 자신을 희생하는 사람들.
역사여행은 그런 사람들을 기억하는 공부입니다.

덕분에 감사합니다.

2020. 10
글쓴이 박상용

4부 500년을 이어 온 조선

🅟 시련을 극복하며 이룬 대한민국

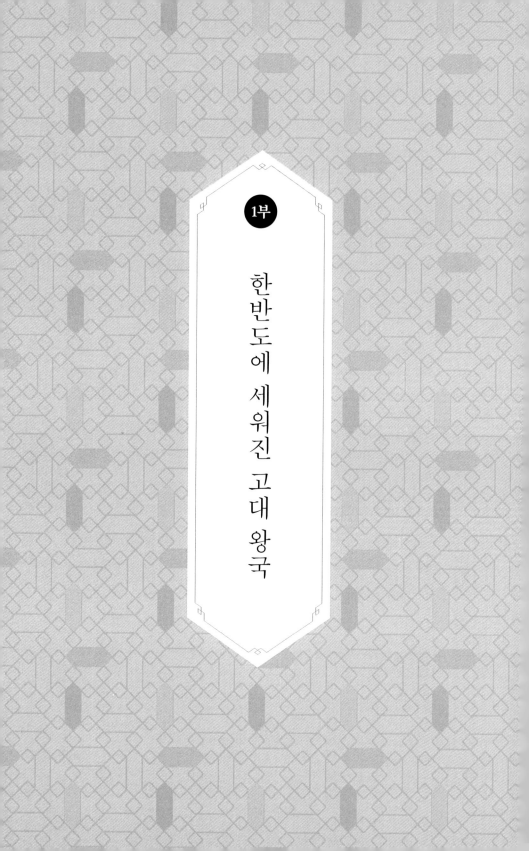

1부

한반도에 세워진 고대 왕국

1
___

서울 암사동 선사유적

    제가 진행하는 역사여행 프로그램 중 '동행누리'란 기획 일정이 있습니다. 10개월 과정으로 한 달에 한 번 선사시대부터 시대 순으로 역사여행을 떠나는 것이지요. 첫 시작인 선사시대 유적은 어디로 가면 좋을까요? '선사'에서 선(先)은 먼저라는 뜻을 갖고 있고, 사(史)는 역사 할 때의 사로 역사 이전 시기를 말합니다. 선사와 역사의 구분은 어떻게 할까요? 문자로 된 기록이 있느냐 없느냐의 차이입니다. 문자로 된 기록이 없으니 그 당시 사람들이 살았던 흔적이나 물건을 통해 어떻게 살았을까 알아봅니다. 첫 시작인지라 교과서에도 나오고, 이것 하면 바로 '아하'라며 반응이 나오는 곳을 찾게 됩니다.

  암사동을 갑니다.

  사적 제267호 서울 암사동 유적. 선사시대 사람들이 살았던 흔적이 있는 곳입니다.

암사동 유적은 서울 강동구에 있습니다. 강동구는 한강을 기준으로 이름 지어진 서울의 자치구입니다. 한강 남쪽은 강남, 북쪽이면 강북, 서쪽은 강서, 동쪽은 강동.

강 동쪽 암사동은 강 바로 옆이라 아주 오랜 시절부터 사람이 살았을 것입니다. 강변은 물을 얻기 편한 반면에 큰물이 질 때 삶의 공간을 쓸어 버릴 때도 있습니다. 무리를 지어 살던 사람들이 홍수로 터전이 무너지면 새로운 자리로 옮겨 가고, 누군가는 공터로 남겨진 옛 터전 위에 다시 집을 짓고, 또 홍수가 나고, 흘러온 흙들이 쌓이고, 산 자들은 새로 집을 지어 이전 사람들의 터전 위에서 삶을 이어 갔습니다.

삶과 피해가 반복되었던 그 자리에 1925년 을축년 어느 날, 또 한 번 큰 홍수가 납니다. 비가 그치고 쓸려 간 마을을 수습하던 중 유물로서 가치가 있는 수천 년 전 옛사람들의 물건이 자동차 몇 대분으로 나옵니다. 그중 하나가 박물관에서 그리고 역사책에서 꼭 보게 되는 빗살무늬토기입니다. 바닥 끝이 뾰족하고 그릇 표면에 빗살무늬가 그려진 역사 교과서 단골 삽화 토기이지요. 암사동 유물로, 일제강점기 일본인 학자들에 의해 한국의 신석기시대가 정리됩니다.

이후 도시 개발 과정 중 선사시대 흔적 파편들이 쏟아지고, 지표면에서 내려갈수록 이전 시기 흔적이 보이며, 빗살무늬토기를 썼던 사람들의 집자리까지 발견됩니다. 연대 측정 결과, 기원전에서 도 다시 4천 년을 거슬러 내려갑니다. 6천 년 전, 당시 살았던 사람들의 집자리를 원형으로 복원해 놓고 전시관을 만들어 놓은 곳이 바로 서울 암사동 유적으로, 선사시대 중 신석기시대의 역사를 볼 수 있는 곳입니다.

석기시대를 둘로 나눌 때 구석기와 신석기로 구분하며, 그 둘은 돌을 석기로 만들 때 얼마만큼의 정교함이 가해졌는가로 구분합니다. 깨트리고 손질해 손에 잡히는 돌을 썼으면 구석기이고, 이전 시대보다 더 정교하게 다듬은 돌을 썼으면 신석기입니다. 한자로 타제석기, 마제석기라는 표현을 쓰지요. 그리고 구·신석기 구분에서 빼놓을 수 없는 특징이 바로 토기의 사용입니다. 토기, 그릇의 등장은 이전 시기와 구분 지을 수 있는 사건인 셈이죠.

인류는 무수한 발명품으로 삶을 변화시켰습니다. 그 첫 발명품이 바로 그릇입니다. 흙과 물, 불의 조화로 이전엔 보지 못한 새로운 물건이 출현하는 것이지요. 토기는 정착 생활, 열을 가한 음식의 조리 등 이전 시대와는 다른 여러 생활의 변화를 상징합니다.

교육 자료가 넘쳐 나는 시대라 역사여행에 참여한 아이들은 빗살무늬토기의 이름, 모습, 활용, 지금의 그릇과는 달리 바닥이 뾰족한 것은 모래 위에 세웠기 때문이라는 것까지 알 정도로 기본 지식이 풍부합니다. 해설 중 하나 덧붙이는 것은 토기의 이름에 들어 있는 '빗살'을 '빛살'로 많이 알고 있다는 것입니다. 빗살무늬 토기의 한자 이름은 즐문(櫛文)토기입니다(櫛, 빗 즐). 이는 머리 빗는 빗의 무늬인 빗살무늬를 만들어 놓은 것 같은 토기, 시베리아 지역에서 한반도 북동쪽과 암사동인 한강 유역에서도 보이는 토기입니다.

암사동 유적을 정리할 때 지금 나의 가족과 빗살무늬를 썼던 당시의 가족을 비교하는 시간이 있습니다. 참가자들은 당시의 불편과 무지를 많이 언급합니다. 암사동 빗살무늬토기를 쓰던 사람들에 비해 지금 사람들이 더 현명하고 슬기로울까요?

신학기가 시작하는 3월이면 아침 일찍 출발하는 버스에서 춥다고 히터 켜 달라던 주문이 몇 시간 안 되어 한낮엔 에어컨을 틀어 달라는 요구로 바뀝니다. 자연 상황에 대해 잠시의 불편함도 못 참는 현대인의 한계. 그러면서 미세먼지로 외출을 염려하며 정부와 이웃 나라만을 탓하고 있습니다. 내 몸을 위협하는 미세먼지는 잠시도 내 몸의 불편을 참지 못하는 나에게서 비롯된 것은 아닐까요?

빗살무늬토기를 썼던 사람들은 지구를 아프게 하는 쓰레기는 만들지 않았을 것이고, 바이러스나 미세먼지 이유로 외출을 경계하지도 않았을 것입니다.

현대의 편리함을 얻으러 석기시대가 가진 자연 그대로의 편리함을 잃어버린 것은 아닌지 모르겠습니다.

2

세계유산, 강화 화순 고창고인돌

　　유네스코 세계유산이라는 것이 있습니다. 세계적인 시각에서 보존할 가치가 있다고 판단하여 유네스코가 지정하는 인류의 보편적인 문화유산이지요. 우리나라는 1995년 석굴암과 불국사, 종묘, 해인사 장경판전으로 시작해 2019년 '한국의 서원'이란 이름으로 9개 서원이 함께 오르면서 14점이 세계유산에 등록되어 있습니다. 종묘처럼 한 곳이 단일 주제로 등록되어 있는 경우도 있지만, 사찰이나 서원처럼 몇 개가 묶여 등록되기도 합니다.

　세계유산 중 하나인 고인돌을 찾아갑니다.

　고인돌은 전 세계에 분포되어 있고, 특히 우리나라 그중 전라도 지역에 가장 밀집되어 있습니다.
　고인돌은 우리말입니다. 돌이 고여 있다 해서 붙인 이름으로 사전 지식으로 알고 있는 무덤이란 정보는 고인돌이라는 이름에 들어 있지 않습니다. 유물 이름은 그 유물의 쓰임이나 성격 등이 보여야 하나 고인돌은 외양만을 표현한 이름입니다. 한자 이름은 지석묘(支石墓)입니다. '지탱할 지'에 '돌 석' 그리고 '무덤 묘'. 돌을 지탱하는 무덤이라는 말이지요.

고인돌의 모양은 크게 두 가지입니다. 탁자처럼 다리가 있고 그 위에 거대한 바윗돌이 얹혀 있는 것과 커다란 바윗돌을 자잘한 돌 위 혹은 바로 땅 위에 올려놓은 형태, 각각 탁자식 고인돌과 바둑판식 고인돌로 구분합니다. 우리나라 북쪽으론 탁자식이 많이 보이고, 남쪽으론 바둑판식이 많이 보입니다. 우리가 고인돌 하면 머릿속에 그리는 탁자식 모양은 강화도에 덮개돌이 무려 80톤 규모인 멋진 고인돌이 남겨져 있어, 강화도 답사길엔 반드시 거치는 코스가 됩니다. 한 덩어리 80톤의 바윗돌. 인위적으로 돌을 떼어 내어 옮기고 다시 받침 위에 올려야 하는 많은 사람이 오랜 시간 노동으로 만들 수 있는 결과물입니다.

강화 고인돌

고인돌은 청동기시대의 무덤 유적입니다. 청동기시대는 선사시대에 속하지요.

선사와 역사의 차이는 무엇일까요? 기록으로 남겨진 때는 역사시대, 그 이전 기록이 없는 시대를 선사시대라고 합니다. 선사시대는 기록이 없으니 남겨진 유물로 그 속에 숨어 있는 이야기를 찾아내야 합니다. 고인돌에서 이야기를 만들어 냅니다. 이를 실험고고학이라고 합니다. 선사시대 유물을 지금 직접 체험해 보면서 당시 사람들의 모습을 알아보는 것이지요.

전북 고창에서의 실험 결과가 자료로 전해집니다. 9.8톤의 돌을 85명이 동원되어 4시간 동안 70m를 끌었다고 합니다. 1톤을 대략 열 사람이 끌 수 있는 무게로 산정하면, 강화 고인돌은 800명의 성인이 동원되어야 하고, 화순엔 280톤 고인돌이 있으니 고인돌 작업에 모여야 할 사람은 2,800명입니다. 이는 아이와 노인은 포함되지 않을 숫자일 테니 한 집당 성인 한 명씩 나온다고 봤을 때 가구가 2,800호가 되어야 하고, 전체 인구수로 보자면 만 명 넘는 사람이 살아야 화순의 고인돌 정도를 무덤으로 쓸 수 있다는 계산이 나옵니다.

만 명이라면 서로 얼굴도 모르는 사람이 있는 대규모의 공동체입니다. 그 공동체가 단일 행사를 위해 동원된다면 계급과 명령 체계가 있어야 된다는 말이지요.

역사여행에 참가한 학부모님들께 질문 던집니다.
"우리 부모님이 돌아가셨는데 장례식에 5일 정도 봉사 부탁드립니다. 오실 거죠?"

"직장 나가야 하고 가정일 살펴야 하는데 어디 갈 수가 있겠습니까?"

"아, 5일 봉사해 주시면 아파트 한 채와 승용차 한 대를 감사 선물로 드리겠습니다."

모두들 온다고 합니다. 이것이 죽은 사람 행사인 장례식에 대중을 움직일 수 있는 힘입니다.

고인돌에 관해 교과서에서는 돌 자체가 갖는 영속성과 견고성으로 선사시대 사람들은 돌엔 초자연적 힘이 있다고 믿어 영원한 존재를 과시하려 거석문화를 만들었다고 합니다만, 저는 상상력을 더 발휘해 봅니다.

고인돌을 만들던 청동기시대 집터는 90% 이상이 불에 탄 흔적으로 발굴된다고 합니다. 전쟁에 패하면 삶의 공간은 태워지고, 사람들은 노예로 잡혀가는 것이지요. 그러나 승자 또한 피해는 있는 것이고, 전쟁은 신중하게 결정되어야 합니다. 이길 승산이 있을 때, 그것도 크게 이길 승산이 있을 때라야 전쟁을 벌이는 것이고, 전쟁하지 않고 이기는 것 또는 감히 우리 부족에게 전쟁을 걸지 못하게 하는 것이 진정한 승리이겠지요.

여기서 저는 고인돌의 효능을 말합니다. '마을 어귀에 수천 명의 노동력이 들어간 선대의 묘가 있다.' '우리 마을은 이렇게 힘이 강하다.' 그래서 혹시 염탐하러 오는 다른 부족들이 있다면 '우리 부족의 힘을 보고 가라.'라는 메시지이지 않을까 싶습니다.

3

국립광주박물관, 신창동 유물

역사여행길, 박물관을 빼놓을 순 없지요.

우리나라엔 이런저런 이름의 이색 박물관도 많이 있지만, 우리가 박물관으로 머릿속에 떠올리는 국립종합박물관은 전국에 13곳이 있습니다. 서울의 국립중앙박물관을 시작으로 경주, 부여, 공주, 광주, 진주, 전주, 김해, 청주, 춘천, 대구, 제주 그리고 나주 박물관. 고대 왕국 도읍지였거나 아니면 각 지방 도청 소재지였던 곳에 박물관이 있지요.

우리나라 13곳의 국립종합박물관 중 서울에 있는 국립중앙박물관은 선사시대부터 각 시기별 유물을 두루 소장하고 있고, 또한 어느 한 지역의 유물이 아닌 전국 각 지역의 유물을 고루 전시하고 있습니다. 반면 지방의 박물관은 그 지역만의 특색이 있는데요. 경주박물관엔 단연 신라 유물이 많아 전시실 이름 또한 신라와 관련된 이름으로 되어 있고, 공주박물관과 부여박물관은 백제 유물이 주류를 차지하며, 김해박물관은 가야 유물이 많습니다. 진주박물관은 진주대첩을 기념해 임진왜란 특화박물관으로 자리매김하고 있습니다.

지금은 박물관 로고, 더 크게는 모든 관광서의 로고가 태극무늬로 통일되었는데, 각 박물관마다 로고가 달랐던 적이 있었습니다. 박물관마다 달랐던 로고를 준비해 보여 주며 박물관 안내를 시작합니다. 각 박물관에서 제일로 내세우는 문화재를 알아보기 위해서지요. 경주박물관은 금관 모양을, 공주박물관은 무령왕릉 모양을, 부여박물관은 금동대향로 모양을 로고로 삼았었습니다.

태극무늬로 통일되기 전에 광주박물관의 로고는 팔주령이었습니다. 청동기시대 부족장이 위세품으로 삼았던 여덟 가지로 이뤄진 방울을 말합니다. 광주박물관에서 로고 디자인으로 사용되었고 전시품으로 소장 중인 팔주령은 청동검, 청동거울과 함께 화순의 한 민가에서 발견되었습니다. 화순 하면 세계유산 고인돌의 고장이지요.

1970년대 초, 60대 노인이 장마철 배수로 정리하다가 우연히 발견한 유물은 시골 농가에서 쓸 데라곤 없어 보이는 고물이었기에 엿장수에게 팔려 갔습니다. 엿장수가 그냥 다른 고철과 함께 '고물' 취급했던라면 광주박물관에 전시된 국보도 없었을 텐데, 그걸 엿장수가 도청 문화공보실에 신고합니다. 그리고 지금은 광주박물관을 상징하는 국보로 지정되었습니다.

박물관의 로고 이야기로 대표 유물을 언급하고 전시실로 들어섭니다. 박물관 실내 전시실은 모든 박물관이 시대순 구성을 하고 있어, 선사실부터 시작해 고대 중세 근대로 차츰 역사 흐르듯 올라가지만, 시대순이라도 박물관마다 지역 특색이 있습니다. 광주박물관도 선사실부터 시작해 시대 흐름을 따르지만, 광주박물관을 다른 박물관과 구별되게 하는 전시실이 있습니다. 바로 농경문화실입니다.

전국 13개 박물관 중 '농경문화실'이라는 전시실은 광주박물관에서만 볼 수 있습니다. 바로 신창동 유적이 있기 때문입니다.

신창동 유적을 방문하거나 광주박물관 농경문화실을 설명할 때면 예시를 끌어옵니다.

1994년, 서울 남산 한옥마을에 타임캡슐을 묻었습니다. 1994년은 조선이 건국되어 한양으로 도읍이 옮겨진 지 600년 되는 해이고, 다시 400년이 지난 2394년에 한양 도읍 천 년을 기념하며 개봉하기로 하고 당시 사용되는 물건 천 가지를 선정해 묻었습니다.

타임캡슐 안에는 껌, 노트, 학습지, 담배, 삐삐, 은단, 알로에 등등을 넣었다고 합니다. '삐삐' 같은 물건은 얼마 지나지 않은 지금도 기억 속에만 존재하는데, 지금부터 400년 후 사람들은 이런 물건들을 얼마나 신기한 듯 쳐다보게 될까요.

서기 2020년, 서기는 서양 기원력으로 예수님의 탄생을 기준으로 합니다. 그러니 2천 년 전이면 딱 예수님이 살았던 시절이겠지요. 예수님이 살던 시기에 한반도 사람들은 어떤 모습으로 살고 있었을까요?

2천 년 전 사람들이 사용했던 물건들과 흔적들이 2천 년의 세월을 뚫고 눈앞에 펼쳐집니다. 2천 년 전 타임캡슐로 여겨지는 현장이 광주 신창동 유적이며, 유물들은 현재 광주박물관 농경문화실에 전시되어 있습니다. 옛 유물은 보통 무덤에서 많이 출토됩니다. 그래서 실생활에 사용되었는지는 모릅니다. 그렇지만 국립광주박물관 농경문화실의 유물은 실생활에 사용된 모습 그대로입니다. 목재 유물임에도 썩지 않고 보관된 것은 벌흙 속에서 공기를 차단한 결과였습니다.

대표적으로 신창동 '빅3'라고 불리는 유물이 있습니다. 현악기, 베틀 부속구인 바디, 바큇살. 모두 나무로 만들어져 있습니다. 이외에도 옻칠한 그릇, 신발 만들 때 쓰던 틀, 문짝 일부분 등 다양한 목재 유물과 그릇들, 그리고 곡식 씨앗 등이 발견되었고, 이러한 유물들은 국립광주박물관에 '농경문화실'이 있게 된 이유가 됩니다.

박물관을 왜 갈까요? 옛 유물을 보러 갑니다. 그럼 유물은 봐서 뭐 할까요? 역사 공부의 목적과도 통합니다. 유물을 보고 역사를 공부한다는 것이 무슨 의미가 있을까요?

여기 풀이 있습니다. 처음 보는 풀입니다. 일행 중 한 명이 그 풀을 먹고 토하고 난리가 났습니다. 그럼 다음에는 그 풀을 먹을까요, 안 먹었을까요? 당연 안 먹겠지요. 그 풀은 먹으면 사람에게 좋지 않은 것이었습니다. 그래서 제가 그 풀 모습을 그리고 주의 사항을 써 놨습니다. 그러면 다음 사람들은 제가 그린 그림을 보고서 이렇게 생긴 풀은 먹지 않을 겁니다.

역사 공부의 목적도 이와 같습니다. 우리가 박물관에 가고 역사를 공부하는 것은 옛사람들이 살았던 모습을 그려 보며 지금 제대로 살기 위해서입니다.

4

나주와 마한

전라도에선 2018년에 굵직한 역사 행사가 많이 있었습니다. 1018년, 전라도란 이름으로 불린 후 천 년이 되는 해라 그것을 기념해 마련한 것이었지요.

현재 우리나라 광역 행정 구역 이름은 대표 두 도시 이름의 앞 글자를 따서 지었습니다. 경주와 상주의 경상도, 충주와 청주의 충청도, 전주와 나주의 전라도처럼요. 지금이야 전라도의 대표 도시가 광주광역시이지만 나주가 대표성을 갖고 있던 시간에 비하면 최근의 일입니다.

나주 해설사들이 소개를 할 때 "천 년 목사고을 나주 해설사 아무개입니다."라며 운을 뗍니다. 나주에서 업체 상호로도 자주 보이는 '목사골'은 목사가 있는 고을이라는 말입니다. 목사는 목에 파견된 정3품 관리로, 지방관으론 관찰사 바로 아래 등급입니다. 지방 행정 단위로서 '목'은 983년 고려 성종 때 왕성이 있는 개경을 제외

한 전국 12개 주요 지역에 내려진 이름입니다. 지금의 광역시급이지요. 조선시대는 많게는 20개까지도 있어 그 희소성이 줄어든 적도 있지만, 조선 말 행정 구역 개편이 있을 때까지 변함없이 천 년 동안 목사가 파견된 전국 여섯 개 도시 중의 한 곳이 나주입니다. 북한에 한 곳이 있고, 남쪽은 충주, 청주, 상주, 진주 그리고 나주입니다.

사실 천 년 동안 목사가 파견된 곳이 나주가 유일하다면 천 년 목사골의 네이밍에 아무런 이의 제기를 하지 않겠는데, 전국에 여섯 곳인데 뭐 그리 대단하다고 자랑할까 싶으신가요? 같은 충주, 청주, 진주 등을 가면 역사가 깊다는 정도이지 '천 년 목사고을'이라는 표현은 안 쓰는데, 왜 나주는 '왕년에 내가 말이야'라는 천 년 자랑을 할까요?

천 년의 흔적이 남아 있기 때문입니다.

나주읍성이 있고, 읍성 안의 중심 건물인 객사가 금성관이라는 현판을 달고 남아 있습니다. 또한, 향교와 목사내아가 있습니다. 사또가 머물렀던 목사내아는 일반인들이 숙소로 사용할 수 있게 되어 있습니다. 그래서 나주를 관광하면 목사고을 나주를 고스란히 느낄 수 있습니다. 더불어 옛 관아 앞으론 기념관의 기능을 하며 천 년 목사골의 이름에 걸맞게 대한민국의 유일한 목문화관이 자리합니다.

그리고 전라도 천 년의 역사를 앞선 흔적으로, 왕조 변혁기의 한 틀을 나주가 맡습니다.

말을 타고 뛰어오느라 숨찬 장수가 우물가에 있는 여인에게 물을 청하자, 그 여인이 물을 건네며 버들잎을 하나 띄워 준 이야기가 있습니다. 남자 주인공이 고려를 세운 왕건이며, 그 현장이 나주 시청 인근 완사천입니다. 우물 옆으론 말을 타고 있는 왕건과 물을 건네는 여인이 동상으로 만들어져 있습니다. 왕건과 샘물 인연을 맺었던 여인은 고려 첫 임금의 왕비가 되고, 왕비가 낳은 아들이 고려 2대 임금 혜종입니다. 그래서 나주를 어향, 즉 임금의 고향으로도 표현하며, 이것이 고려시대 내내 주요 거점 지역이 되는 이유이기도 합니다.

후삼국시대의 한 축인 궁예의 부하로 활약하던 왕건이 영산강에서 후백제 견훤과 대항하던 때였습니다. 사실 나주 또한 지역적으론 후백제 세력권인데, 완사천 이야기에서 보듯 나주는 왕건과 연합합니다.

왕건은 부인이 29명으로 전국 각지에 연합세력이 존재했지만, 왕건의 뒤를 이은 2대 임금의 외가가 나주인 걸 보면 나주의 위상이 유추됩니다. 왕건과 견훤의 격전지 중 하나인 자미산성은 지금은 낮은 언덕 정도의 모습이지만, 정상에 서면 반남 벌판을 볼 수 있습니다.

이곳 나주 반남에는 반드시 거처 가야 하는, 아니 안 가려 해도 눈에 보이는 거대한 옛 무덤들이 있습니다. 신라, 백제, 가야 고분에만 익숙한 사람들에겐 의아한 곳입니다. '여기에 옛 왕국이 있었나?' 하고 말입니다.

나주 반남고분

우리나라 이름은 대한민국입니다. 100년 전 1919년, 상해 임시정부에서 나라 이름을 어떻게 정할 것인가 하는 논의가 있었습니다. 대한제국에서 망했으니, 다시 대한으로 흥하자는 의견이 받아들여져 대한민국이 되었다고 합니다.

대한민국의 전 이름인 대한제국은 19세기 말, 서양 열강과 일본의 침략에 나라의 권리가 하나둘 뺏겨 나가는 시점에 조선의 임금이 환골탈태의 심정으로 나라 이름을 대한(大韓)으로 선포한 것이고, 임금은 황제로 즉위했습니다. 1897년 10월의 일입니다.

조선의 임금인 고종은 왜 대한이라는 국호를 만들었을까요?

삼한을 계승하겠다는 의지의 표현입니다. 삼한은 마한·진한·변한

이고, 이어서 삼국 또한 삼한으로 불렸고, 신라의 통일이 삼한의 통일이라고 했으니, 대한의 '한'이 딱 어디의 어느 시절이라고 국한하기는 어렵지만 적어도 그 시초는 마한·진한·변한의 한(韓)에 있습니다.

진한이 신라로, 변한은 가야로 계승되었지만, 마한은 백제에 정벌됩니다. 중국 기록에 보이는 마한 54개국은 북쪽에서 내려온 백제에 점점 복속되어 가고, 마지막까지 남아 있었다고 여겨지는 곳이 영산강 인근 나주 반남 지역이고, 고분 주인공은 마한의 지배 세력입니다.

나주 지역 반남고분으로 인해 이곳엔 국립박물관이 자리합니다.
나주박물관의 건물 모양을 봅니다. 항아리 모양으로 고분 속의 관에서 착안한 듯합니다. 고분에 시신을 안치한 관은 '항아리 옹(甕)'을 써서 옹관 또는 독널이라고 부릅니다. 시신이나 뼈를 독에 넣는 것은 다른 나라에서도 나타나는 인류의 보편적인 장례 문화입니다. 그런데 여기 영산강 유역 나주 반남고분이 대형옹관이라는 것입니다. 하나의 옹관으로 성인 몸체를 다 덮을 수 없으니 두 개의 옹관을 이어서 붙이기도 했습니다.

대형옹관고분은 전라도 서부 지역 영산강을 따라 나타나는, 이 지역의 독특한 고대 묘의 모습으로 파악되고 있습니다. 가장 밀집도가 높은 곳이 박물관 인근의 반남 지역으로, 이곳이 고대 지배 세력의 중심으로 보입니다.

'거대한 옹관고분을 만들었던 주인공은 언제까지 지배력을 행사했을까?' 하는 것은 이제껏 고고학의 연구 주제입니다. 백제가 369년 마한을 완전 병합했다는 역사 기록이 있습니다. 반면 백제의 무덤과는 전혀 다른 양식의 무덤인 옹관묘는 4세기 이후 6세기까지 같은 시대 백제의 무령왕릉보다도 더 큰 고분으로 층층이 쌓여 남아 있습니다. 마한이 4세기 중엽 백제에 병합됐다면, 백제왕릉보다 더 큰 고분을 만들기는 어려웠겠지요. 적어도 삼국이 쟁탈전을 벌이던 당시까지도 고구려·백제·신라·가야 세력과 더불어 나주에도 금동관을 쓰고 거대한 고분을 만들어 내는 국가가 존재했다는 것입니다.

나주를 말할 때 쓰이는 천 년 목사고을의 시간보다 더 깊은 역사가 나주엔 들어 있습니다. 천 년은 목사고을이었고, 그 앞 천 년은 왕도에 버금가는 고도였을 것입니다. 그런데도 아무도 알아주지 않음이 아쉽고 억울해 나주 사람들은 '천 년 목사골'의 세월을 강조하였나 봅니다.

5

김해와 가야 수로왕

'쇠바다'라고 불리는 곳이 있습니다. '쇠'와 '바다'의 뜻을 갖는 한자어로 바꾸어 보니 쇠는 금(金)으로, 바다는 해(海)로 대치됩니다. '쇠바다'는 김해(金海)를 이름이지요.

김해는 신라가 가야 땅이던 지역을 점령하고 처음엔 금관이라 부르다가, 삼국 통일 후에 고쳐 부른 이름입니다. 김해에는 왜 '쇠'와 '바다'가 들어갔을까? 지명은 그 지역의 특성에서 기인해 붙여집니다. 김해라는 말 속에 들어 있는 쇠와 바다, 이전의 명칭인 금관 또한 쇠와 관계가 있습니다.

기원 전후 시기, 철(쇠)는 최고의 상품이었습니다. 기간 산업인 농업 생산력을 향상시키는 도구였고, 집단을 보호하고 정복 전쟁에 필요한 첨단 전쟁 무기였으며, 그렇기에 최고의 교환 가치를 가지는 무역 상품이었습니다. 집단 간의 교역은 주로 바닷길을 통해 이뤄졌을 것이니, 쇠와 바다를 지명에 갖고 있는 김해는 첨단 산업

단지 겸 무역항이었겠지요.

쇠바다, 김해로 역사여행을 떠납니다.

우리나라엔 300여 개의 성씨가 있다고 합니다. 그중 김씨가 가장 많고, 성씨 앞에 붙는 지역 이름인 본관까지 따지면 김해 김씨가 우리 국민 10%를 차지한다고 합니다. 열 명이 모이면 반드시 김해 김씨는 포함되어 있고, 버스 여행으로 마흔 명이 타고 가면 4명 정도가 김해 김씨임을 확인하게 됩니다. 우리나라에서 가장 많은 김해 김씨의 시조로 전해지는 수로왕은 하늘에서 내려온 알에서 태어났습니다.

42년 어느 봄날, 나라 이름도 없고 왕도 신하도 없는 바닷가 마을, 9개 마을 촌장이 모여 있는데 하늘에서 소리가 들렸습니다.

"여기 누가 있는가? 하늘이 내게 여기에 내려와 나라를 세우라고 하는데, 너희들이 흙을 파면서 노래하고 춤추면 내려가리라."

"거북아, 거북아, 머리를 내놓아라. 내놓지 않으면 너를 구워 먹으리."

모여 있던 사람들이 함께 노래 부르며 춤을 췄습니다. 그러자 하늘에서 자색 밧줄과 황금 궤짝이 내려오고, 궤짝 안에는 여섯 개의 알이 들어 있었습니다. 알을 깨고 맨 먼저 나온 수로를 포함해 나머지 알에서 각각 태어난 이들이 여섯 가야의 수장이 되지요.

『삼국유사』 가락국기에 전하는 가야 건국 신화입니다. 중국 후한 광무제 건무 18년이라는 구체적인 연도와 날짜까지도 전하는데, 이를 서기로 환산하면 42년이 됩니다. 고구려·백제·신라의 시작 기록도 기원 전후이니 그즈음 이야기이고, 예수님이 생을 마친 지 얼마 되지 않는 그때쯤입니다.

천손강림, 하늘에서 내려오는 시조 이야기는 북방 계열의 신화에서 종종 보입니다. 여기에 알에서 태어나는 난생을 더해 이전 세대와는 단절되는 새로운 시작을 나타내고, 덧붙여 거북이까지 등장시켜 바다의 요소도 더했습니다.

가야 건국 신화는 청동기시대 아홉 마을에 사람들이 살았는데, 철기를 다루던 북쪽 세력이 들어와 지배자가 되고, 이들이 다시 해양 세력과 연합해 고대 국가를 이룬다는 것으로 해석됩니다.

수로왕 이하 가야 건국 주체들이 내려왔다고 전해지는 곳이 김해 구지봉입니다. 야트막한 언덕에 둥글게 나무로 둘러싸여 있고, 구지봉임을 상징하는 커다란 돌기둥과 비석이 있습니다.

구지봉에 내려온 수로는 탈해와의 왕위 쟁탈전에서 승리하고, 이어 저 멀리 인도에서 건너온 공주와 결혼을 합니다. 158세까지 살았다고 전해지며 지금은 수로왕릉에 잠들어 있습니다.

『삼국유사』에 의하면 수로왕릉은 대궐 옆에 만들었다고 하니 아마도 지금의 왕릉 옆으로 고대 가야의 대궐이 있었을 것입니다.

가야의 역사는 나라 이름조차 전해지는 기록마다 달라 가야니 가락이니 구아니 거의 10여 종이 되고, 우리가 즐겨 쓰는 가야의 한자 표기 또한 기록들마다 약간 차이가 있습니다. 그래서 음운학적인 추론도 많아 '가야'는 대한민국에 쓰인 한(韓)의 고대음이라는 이론까지 있습니다.

또한 가야의 이야기는 기록이 미미하고, 일제강점기 일본의 한반도 점유를 정당화하는 '임나일본부'의 이론적 배경을 위해 각색된 부분이 많습니다. 그 이유로 광복 이후 가야의 전문 연구자가 거의 없다시피 하여 연구 자체가 잘 이뤄지지 않아 그 실체는 아직도 오리무중입니다. 그래서 '잃어버린 왕국, 가야'라는 말로 표현하지요. 이는 또 역사적 상상력이 무한히 발현되는 이유이기도 합니다. 역사 상상력은 백지에서 시작되는 것이 아니라 기록이나 유물의 단초가 있어야 합니다.

김해 수로왕릉 쌍어문

그 단초 중 하나가 수로왕릉 입구에 문 위에 그려진 '쌍어문'이라
는 이름이 붙은 그림입니다.

쌍어문은 두 마리 물고기 무늬를 뜻합니다. 이국적인 탑을 사이
에 두고 두 마리의 물고기가 있습니다. 최초 문제 제기는 이 지역
출신 아동문학가가 했는데, 1977년 인도 아요디아를 찾았다가 많
은 건물에 쌍어문이 새겨져 있는 것을 보고 수로왕릉을 떠올리며
수로왕과 인도 공주의 국제결혼으로 연결하게 됩니다.

더불어 한 고고학자는 대학생 때 눈여겨봤던 수로왕릉 앞 쌍어
문에 대한 관심을 시작으로 수로왕비 이동 경로를 추적하는 대하
드라마의 편린을 짜 맞추기도 합니다. 한반도 한편에 있는 조그만
나라 가야가 아니라, 중국을 대표하는 한(漢)나라의 역사를 열고
닫는 데 영향을 끼친, 인도 공주와의 결혼을 통해 중국을 넘어 중
앙아시아를 지나 인도까지 그 무대를 넓힌 나라입니다.

물고기 두 마리 무늬인 쌍어문은 언제 그려진 것일까요? 수로왕
릉 문은 1792년 정조 때 제작된 것입니다. 문에 그려진 그림은 화
공의 창작품일까요? 아니면 구전 설화를 그린 것일까요? 적어도 화
공이 임의로 창작하지는 않았을 것이고, 어떤 기록이라도 보았을
것이며 아니면 그 전대의 그림을 모사하였을 것입니다.

쌍어문 등장의 배경이 된 인도 공주 수로왕비는 왕릉과 떨어진
곳에 묻혀 있습니다. '아들 중 두 명을 나의 성씨 허씨를 따르게 하
고, 바다가 보이는 곳에 묻어 달라'는 두 가지 유언을 남깁니다. 고

향을 떠나온 그리움과 후손을 남기려는 소원이 있었겠지요. 수로왕에게서 시작된 김해 김씨와 왕비에게서 시작된 김해 허씨는 한 집안이라 서로 혼인을 안 한다고도 합니다.

수로와 탈해의 주도권 싸움, 그리고 인도 공주와의 국제결혼 과정을 보면 철기로 접어드는 한반도는 외부에서 밀려든 강한 세력들의 쟁탈 장소였을지도 모릅니다. 실제 사건들이 하늘에서 내려온 알의 이야기가 되고, 인도에서 온 공주이야기가 되어 우리에겐 상징으로 전해졌을지도요.

김해 역사여행, 그 마침표는 국립김해박물관이 됩니다. 철의 왕국 가야의 실체를 보여 주듯 건물도 철광석과 용광로를 상징하도록 지어졌습니다. 외부 건물을 찬찬히 돌아보고, 전시실에 들어서서 가야 특색을 보이는 굽이 높은 그릇들과 상형 토기들 그리고 무엇보다 철로 만든 다양한 유물을 보고 있으면 쇠바다 김해, 철의 왕국 가야, 김씨 시조인 수로왕까지 연결될 수 있을 겁니다.

6

고령 대가야 왕릉

역사여행 안내를 하다 보면 사건 연도와 인물을 엮어 풀어
내는 역사적인 지식보다 비유를 들어 하는 이야기에 참여자들은
더 관심을 보이기도 합니다.

삼국시대의 역사유적을 안내할 때는 간혹 이런 말을 꺼낼 때가
있습니다.

"우리나라에 신라초등학교가 있을까요? 있지요. 그럼 어디에 있
을까요? 당연 경주겠지요. 백제 초등학교는? 가야 초등학교는?"

신라초등학교는 경주에 있고, 백제 초등학교는 부여와 익산에
있으며, 가야초등학교는 인터넷에 검색되는 곳이 네 군데입니다.
김해, 부산, 함안, 광양.

가야는 범위가 넓습니다. 땅이 넓은 것은 아닌데 우리가 그리지
못하는 역사가 넓다는 것이지요. 가야는 이름도 많아 6가야니 12
가야니 하면서 정확히 정리되어 있지는 않습니다만, 역사여행으로
서 가야 유적을 보러 가면 김해의 금관가야 그리고 고령의 대가야

를 대표로 삼고 떠납니다.

대가야의 유적이 있는 경북 고령으로 떠나겠습니다. 고령군 고령읍은 2015년 대가야읍으로 이름이 바뀌었습니다.

경상북도 고령은 호남에서 나고 자란 제겐 익숙한 지명은 아닙니다. 고령 정보를 얻으러 홈페이지 들어가면 왼쪽 상단에 '대가야의 도읍지, 고령'이라는 문구를 보여 줍니다. 지역 홍보 마케팅에 관광이 최우선으로 자리매김하는 시대라 눈곱만 한 거리도 기어이 찾아서 연결하려 하는데, 고령은 대가야 도읍이었다는 역사적 사실은 지역 홍보에 든든한 버팀목이 됩니다. 한데 속을 들여다보면 미궁에서 빠져나오질 못합니다. 기록도 미미하지만, 일제강점기 '임나일본부'의 사상적 바탕이 되는 바람에 우리 연구자들이 회피하는 면도 있습니다.

역사 지식으론 삼한의 변한 지역에 해당하는 곳에 여러 소국이 생겨나고 연맹체로 남아 있었는데, 그중 전기 연맹은 김해를 중심으로 하는 금관가야가 주축이 되었고, 400년 고구려의 침입으로 가야연맹의 중심은 대가야로 그 축이 옮겨갔다는 것입니다. 그리고 가야금과 함께 전해지는 우륵은 진흥왕 때 신라로 망명하고, 〈독도는 우리 땅〉 가사로도 유명한 이사부 장군에 의해 대가야는 멸망하고 가야 역사는 고분 속으로 들어가 버립니다.

그리고 잃어버린 역사의 가야는 고분 속에서 나와 부활합니다.

대가야가 있었다고 전해지는 고령에 가면 대가야 무덤들이 있습니다. 그 앞에 대가야박물관이 있고, 건너편엔 테마파크식으로 공원도 만들어져 있습니다.

주차장에 내리면 제일 먼저 언덕 위에 박힌 수백여 개의 반원이 보입니다. 반은 하늘에 걸려 있고 반은 땅속에 들어 있는 무덤에 일련번호를 매겼지요. 치열한 삶을 살았을 이름은 잃어버리고 잊힌 채 관리 번호로 불립니다. 발굴된 무덤에서 토기, 철기, 금동관, 장신구 등 최고급 유물들이 출토되는 거로 봐서는 왕족과 귀족의 무덤이었을 것이라 여겨지고, 그중엔 최고 수장인 왕도 있었을 것입니다.

열 개를 발굴했고, 현재도 여전히 발굴 진행 중입니다. 발굴된 무덤 중 44호분이라 이름 붙여진 무덤에서 대단한 발견이 있었습니다.

한 무덤에 40여 명이 함께 묻힌 흔적이 보입니다. 무덤 가운데 가장 큰 돌관을 기준으로 차곡차곡 동심원을 그리며 묻힌 흔적입니다. 몇 곳에서는 유골도 수습되어 나이 유추도 가능한데, 8살 어린이부터 50대까지 고루 분포되어 있습니다.

순장의 흔적입니다. 순장은 '따라 죽을 순(殉)', '장사 지낼 장(葬)'입니다. 따라 죽어서 함께 장사 지내는 무덤 형태를 말합니다. 순장임이 증명되려면 세 가지 조건이 충족되어야 합니다.

첫째는 여럿이 동시에 함께 묻힌 '동시성', 둘째는 타살의 흔적이 발견되는 '강제성', 셋째는 각각의 묻힌 자리의 규모와 부장품의 품격으로 구분되는 '계급성'. 세 앞 글자를 따서 '계강도(개강도)'라고 소리 맞춰 다시 한번 인지시켜보곤 합니다.

모시던(계급) 사람이 죽으면, 묻힐 때 함께(동시), 죽어(강제) 같은 무덤에 묻혔습니다. 따라 죽지 않으려 하면, 따라 죽였을 것입니다.

지배자가 죽어 묻히는데 왜 주위 사람들까지 함께 묻혀야 했을까요? 권력자는 살아서 아랫사람을 부리고 죽어서도 그 생활은 지속되어야 하기에 주위 사람을 함께 묻었습니다. 죽음 이후의 삶(죽음 이후의 삶이라는 말 자체가 모순이지만) 또한 지금처럼 지속되리라는 믿음이 있었던 것입니다.

당시 사람들은 당연시했을 것이고, 어쩌면 순장 대상에 뽑힌 걸 영광스럽게 생각했을 수도 있었을 겁니다.

삼국시대 초기엔 고령 지역뿐만 아니라 한반도 북쪽 끝에서부터 곳곳에 이런 순장 무덤이 있었다고 합니다. 당시의 유행이었다는 말이지요. 권력이 클수록 많은 사람을 함께 묻어 현세의 영광을 이어 가길 바랐을 것이고, 이는 당시 사람들의 머릿속을 지배하는 내세 관념이었습니다.

순장 무덤으로 확인된 대가야 44호분은 지금으로부터 얼마 되지 않는 시기에 만들어졌습니다. 통 크게 계산해 보면 불과 1,500년 전 사건입니다. 책상에 앉아 구석기부터 역사 연표 그리면 천 년의 시간은 겨우 잣대 눈금 한두 칸 차이입니다.

44호분 순장 무덤이 있고부터 1,500년이 지난 지금, 우리는 순장 무덤의 폭력성을 보면서 내세에 대한 그들의 무지와 지금 사람들의 현명함을 은근 자랑스러워할지도 모르겠습니다. 그런데 지금 우리가 종교 혹은 철학으로 개념 짓는 죽음 후에 대한 생각들 역시 지금으로부터 1,500년이 지난 후엔 불합리함으로 여겨질 수도 있겠다는 생각이 듭니다.

살아 있는 인간 주위에는 보이지 않는 힘을 빌려 인간을 옭아매는 비합리적이고 폭력적인 사상들이 있습니다. 일련의 활동이 인간을 향하지 않고 돈을 향하거나 권력자의 욕심을 향한다면 언젠가는 이 또한 우스갯거리이겠지요. 그것은 '순장' 무덤 앞에서 느끼게 되는 인간 폭력의 황당함까지도 연결되지 않을까요?

역사여행은 시간을 거슬러 현장에 가서 그곳에 살았던 인간의 이야기를 들여다보고, 지금 나를 되돌아보며 미래를 그려 보는 희망 공부입니다. 대가야의 순장 무덤이 지금의 우리에게까지 연결되어 공동체의 삶은 적어도 어떠해야 한다는 걸 보여 주고 있듯이요.

7

신라의 삼국통일

"우리나라엔 나라가 몇 개 있을까요?"

'무슨 뚱딴지같은 질문이지?'라는 표정으로 저를 쳐다봅니다. 우리나라에 나라가 몇 개냐니. 이어 우리나라 지도를 머릿속에 그려보게 합니다. 그 지도 안에는 나라가 몇 개 있지요? 남쪽의 대한민국과 북쪽의 조선민주주의인민공화국이 있습니다. 분명 우리나라 대한민국은 한반도의 남쪽만 차지하고 있는데, 나라 지도는 북한까지 포함해 그리고 있습니다.

왜 그럴까요?

북쪽의 조선과 남쪽의 한국은 한 나라였기 때문입니다. 대한민국 정부 수립 전 일제강점기에도 한 나라였고, 그 전의 조선, 그 전의 고려 때도 하나의 나라였지요. 한반도 전체가 하나의 단일 공동체라는 생각은 신라가 삼국을 통일하면서 비롯되었습니다. 물론 지금과 같은 온전한 한반도는 아니었지만, 한반도에 나뉘었던 몇 개의 나라가 하나의 나라로 통일이 되고부터 한반도는 하나의 나라로 인식되었습니다. 신라의 삼국통일로 말미암아 한반도 사람들이 한 국가를 이뤘고, 한반도에 국가가 생기기 전까지 역사를 소급해 단일 민족이라는 공동체로 묶게 됩니다. 신라 삼국통일의 의의는 바로 여기에 있습니다. 한반도에 최초의 공동체 의식이 생기고, 한 국가가 된 것.

한반도를 최초로 통일한 신라, 그 도읍지 경주로 길을 떠납니다.

『삼국사기』 기록으로 신라는 기원전 57년에 건국되어 935년에 고려에 합병되기까지 천 년의 역사를 갖고 있습니다. 천 년 고대 왕국의 도읍지가 경주입니다. 천 년 왕도는 세계 역사에서도 손에 꼽히는 기록이기에 신라 도읍지였던 구도심 유적은 물론, 외곽의 불국사와 석굴암이 묶여 세계유산으로 등록되어 있습니다.

경주 역사여행은 곧 세계 속의 문화유산을 보러 떠나는 여행길입니다.

'경주 3종 세트'라는 경주 방문 기념품이 있습니다. 3종 세트라는 말이 모 방송에서 유행하던 즈음부터 차용해 쓰던 것으로 기억되는데, 경주를 상징하는 유물을 모형으로 만들어 세 개 골라 넣어 '3종 세트 3천 원'이라는 광고로 방문지 곳곳에서 판매되고 있습니다. 거기에는 석가탑, 다보탑, 석굴암 부처님, 첨성대, 에밀레종이 포함됩니다.

경주 방문 대표 기념품 다섯이 첨성대 빼고 모두 불교와 관련이 있습니다. 아이들과 함께 역사여행길에 오르면 사회 교과서 언급을 종종합니다. 삼국시대 설명 중 '삼국은 불교를 받아들여 왕권을 강화했다.'라는 대목이 나옵니다.

불교를 받아들여 어떻게 왕권을 강화했을까요?

삼국시대는 지배 계급인 왕과 왕을 둘러싼 세력들이 영토를 넓히기 위해 노력했던 때입니다. 백성들의 생각을 통일할 수 있는 힘으로 모든 부족이 공동으로 떠받드는 아주 강한 신이 필요했습니다. 이때 인도에서 중국을 거쳐 들어온 석가모니의 가르침, 즉 불교가 들어왔고, 강력한 힘의 뒷받침이 필요했던 삼국의 왕권과 결합되어 발전해 갑니다.

삼국시대의 왕은 백성들의 뜻을 한데 모을 수 있는 힘이 센 자리에 '부처님'을 넣었고, 부처님의 가르침은 곧 왕권을 뜻했습니다. '나는 이전 많은 생을 착한 업을 쌓아 이생에 왕으로 자리했고, 나의 말을 잘 듣는다면 너희 또한 다음 생엔 더 좋은 신분으로 태어날 수 있을 것이다.'라며 통치 방법으로 활용하지요.

삼국을 하나로 통일한 신라는 불교를 더 숭상하게 되었고, 통일 신라 전성기에는 훌륭한 불교 예술품이 많이 나왔습니다. 힘을 상징하는 멋진 기념물을 만들어 백성들이 우러러보게 했고, 왕을 중심으로 한 지배 계급은 이런 일에 후원자가 되어 많은 불교 건축물을 만들었습니다. 그 흔적이 바로 경주에서 모형으로 판매되고 있는 기념품인 석가탑, 다보탑, 석굴암 불상, 에밀레종입니다.

누가 뭐래도 경주 역사여행 일번지는 불국사입니다. 경주를 안 가 본 사람은 있지만, 경주를 갔음에도 불국사를 안 가 본 사람은 없다고 합니다.

'부처 불(佛)'에 '나라 국(國)'을 쓰는데, 불국사는 부처님 나라를 현 세상에 구현해 놓은 것입니다. 유교 경전에 나와 있는 선행과 관련된 말을 건물로 만들어 보려는 기획이나, 성경 말씀에 보이는 가르침을 눈에 보이게 만들어 보라고 했을 때 어떤 디자인이 나올까요?

불국사는 불교의 진리라고 글로 쓰인 말을 눈으로 보게 표현해 놓은 창작품입니다. 단단한 화강암을 밀가루 반죽 주무르듯 깎고 다듬어 짜 맞춰 단을 만들고, 부처님 세계로 오르는 다리를 만들고, 그 위에 피안의 세계를 상징하는 건물을 올렸습니다.

"우와."

불국사 초입 석축 길을 따라 돌다가 경내로 들어서서 다보탑과 석가탑을 처음 만난 친구들은 탄성을 내뱉습니다. 탑의 구조나 역사적 연원을 생각해서가 아니라, 그냥 입에서 나오는 감탄입니다. 십 원짜리 동전에서 보아 왔던 익숙한 그림이 눈앞에 펼쳐지는 반가움도 있었을 것이라고도 생각됩니다.

석가모니 부처님을 상징하는 석가탑은 단정함 그 자체로 표현되어 있고, 석가모니 부처님이 세상에 태어나리라는 예언과 함께 석가모니 말에 맞장구를 치는 다보 부처님은 다보탑의 형상으로 수많은 보석을 몸에 걸친 모습으로 불국사를 경주 역사여행 일번지로 만듭니다.

신라가 삼국을 통일했을 때의 왕은 누구일까요? 서기 660년, 백제가 나당 연합군에 망하고, 그 이듬해 무열왕 사후 문무왕이 왕위에 올라 668년 고구려, 676년 당나라 세력을 몰아내며 삼국통일을 완성했습니다.

우리가 부르고 있는 왕들의 이름, 세종대왕이나 광개토대왕, 문무왕은 그들이 살아생전 불린 이름이 아니고, 생전의 업적이나 성품에 부합되는 한자를 찾아 사후에 붙인 이름입니다.

신라 30대 문무왕은 '문(文)'과 '무(武)' 자를 씁니다. 삼국통일 전쟁 최후의 승자인 문무왕은 '무'에서도 탁월했을 것이며, 통일 후엔 화합과 안정을 기치로 통일 후 강국의 면모를 보였으니 '문'에서도 역시 그 역량이 드러났나 봅니다. '문무', 이 두 글자는 당시 신라인들이 이상으로 생각하던 군주의 모습 그 자체였을 것입니다.

역사여행 주제를 '신라통일'로 삼는다면 문무왕을 찾아갈 것이고, 고대 왕국 왕이니만큼 거대한 무덤쯤은 남겼을 것이니 문무대왕릉을 1번 코스로 삼고 싶습니다. 한데 문무왕은 땅에 묻히지 않아 무덤이 없습니다. 삼국통일의 기초를 닦은 문무왕의 아버지

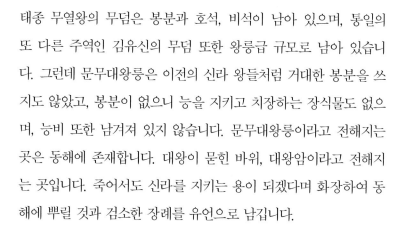

태종 무열왕의 무덤은 봉분과 호석, 비석이 남아 있으며, 통일의 또 다른 주역인 김유신의 무덤 또한 왕릉급 규모로 남아 있습니다. 그런데 문무대왕릉은 이전의 신라 왕들처럼 거대한 봉분을 쓰지도 않았고, 봉분이 없으니 능을 지키고 치장하는 장식물도 없으며, 능비 또한 남겨져 있지 않습니다. 문무대왕릉이라고 전해지는 곳은 동해에 존재합니다. 대왕이 묻힌 바위, 대왕암이라고 전해지는 곳입니다. 죽어서도 신라를 지키는 용이 되겠다며 화장하여 동해에 뿌릴 것과 검소한 장례를 유언으로 남깁니다.

통일을 완수한 문무왕은 전쟁에서 파생되는 여러 폐해와 피로감이 있었을 것입니다. 고대 왕국의 전쟁은 일 대 일 병장기가 부딪히며 눈앞에서 목숨을 뺏어야 하고, 반대로 목숨을 빼앗기기도 합니다. 전쟁은 왕이건 일반 백성이건 가장 원초적 욕구인 안전을 해하는 두려움입니다. 삼국통일을 이룬 문무왕은 그의 투구를 땅에 묻습니다. '전쟁은 끝이다.'라는 바람입니다. 경주 무장사 터에 그 이름으로 전해집니다. 鍪藏寺, '투구 무'에 '감출 장'을 쓴 절 이름입니다.

문무왕 답사길에 빼놓을 수 없는 감은사지에 들릅니다. 국가를 수호하는 진국사라는 이름으로 문무왕대에 공사를 시작해 그의 아들 대에 완성하며 은혜에 감사하다는 감은사로 개명됩니다. 선왕 아버지 은혜에 감사한다는 의미이지요. 감은사가 답사 여행객들에게 감흥을 더해 주는 것은 두 기의 석탑이 있기 때문입니다. 통일의 자신감을 표현한 석탑, 안정감과 상승감이 동시에 표현된 당당한 탑은 1,300년이 흐르고도 그 자리에 그대로 남아 있습니다.

감은사지에서 대종천 따라 2㎞ 못 미쳐 드디어 대왕암에 닿습니다. 봄·여름·가을·겨울 항상 하얀 파도를 일으키는 감포 바다, 그 지척 거리에 수중릉으로 전해지는 대왕암이 있습니다.

닿을 듯한 저 바다에 무덤을 썼는지 안 썼는지 증명되지 않는 사실을 떠나 동해 수중릉을 보면서 문무왕의 파격을 생각해 봅니다. 삼국통일 당시의 왕릉이라면 의례 그 규모가 있었을 것이며 왕의 장례식은 성대해야 했을 것입니다. 그러나 문무왕은 유언으로 남깁니다. 검소한 장례식, 호화 분묘 조성 금지.

죽은 왕의 무덤을 조성하는 데 산 사람들의 노동력이 들어가고, 죽은 이를 모시는 제례에 산 사람들이 먹을 음식이 버려지는 그런 허례허식과 비생산적인 격식을 깨뜨리려 하지 않았을까요?

신라의 통일된 땅은 다시 후삼국의 분열을 거치지만, 다시 고려로 합쳐지고, 고려는 다시 조선으로 이어졌습니다. 잠깐 대한제국이라는 국명을 사용하기도 했지만 어차피 조선의 연속이었고, 일제 강점 이후 다시 '대한'이란 이름과 '조선'이란 이름을 가진 두 개의 국가로 대립하고 있습니다.

역사 경험으로 보면 분열은 합쳐지기 전의 모습이고, 합쳐짐은 다시 분열되기 전의 모습이었습니다. 지금 한반도 남·북한의 분열은 합쳐지기 전의 모습입니다. 남북의 대결과 대화는 합쳐지기 위한 과정 중의 일들이겠지요. 신라가 당나라를 끌어들여 백제와 고구려를 쳤다고 부정만 할 게 아니라 국제 정세에서 현명한 판단이 무엇인가를 역사 속에서 바라봐야 합니다.

고구려·백제·신라가 있던 시절을 삼국시대라 부르고, 신라와 발해가 있던 시대를 남북국시대, 신라·후백제·후고구려를 후삼국시대라고 하듯, 지금 남·북한의 대립 시대를 아우르는 개념이 등장하겠지요. 통일이 되고 먼 훗날, 통일된 나라에 사는 이 땅의 사람들은 지금 한민족 두 국가를 어떻게 정의 내릴까요?

8

경주 포석정

우리 문화재와 문화유적을 국보, 보물, 사적 등으로 구분하고 제각각 '제○○호'라고 일련번호를 붙여 관리합니다. 국보 제1호와 보물 제1호는 각각 숭례문(남대문)과 흥인지문(동대문)으로, 이는 그야말로 상식인 데 반해 사적 제1호는 잘 모르더군요. 대한민국 사적 제1호는 경주 포석정지(鮑石亭址)입니다. 포석정이 있었던 자리이지요.

순번이 중요도를 나타내는 것은 아니라고 하지만, 그래도 1호라고 하면 나름 상징성을 갖고 있겠지요. 그런데 국보, 보물, 사적 1호인 숭례문, 흥인지문, 포석정지에 처음으로 문화재 번호를 붙였던 게 일제강점기 일이라 왜 이것들이 1번인가는 식민사관의 영향이었다느니 그냥 관리 차원이었다느니 하며 논란 중에 있습니다.

포석정은 신라가 망해 가고 있던 역사의 현장으로 알려진 장소입니다. 후백제의 왕, 견훤의 침입이 임박했는데도 신라 경애왕은 연회를 베풀다가 사로잡혀 자결을 강요받고 죽게 되지요. 치욕적인 장소를 부각시켜 열등 민족임을 강조하기 위해 일본인들이 그 현장을 고적 1번으로 했다는 설이 있습니다.

대한민국 사적 제1호 포석정지 입구에 들어서서 포석정의 유일한 흔적을 마주 대하면 어른이고 아이고 간에 "에게"라는 탄사로 첫 방문의 감상평을 매기고, "이게 다예요?"라는 말로 '너 왜 여기 데려왔어?'라는 질문을 대신합니다.

사실 우리가 보는 포석정의 흔적은 포석정의 부속 시설물일 뿐입니다. '포석정'은 말 그대로 포석정이라는 정자도 있었을 것이고, 남겨진 기록으론 포석사라는 사당도 있었습니다. 그래서 신라 말기 경애왕은 적국이 침입하던 당시 놀이를 했던 것이 아니고, 국가의 안녕을 빌었을 것이라고 해석하지요. 약체인 신라가 고려에 구원을 요청했지만, 후백제군은 여전히 신라로 밀고 들어오고, 신라의 왕이 할 수 있는 마지막 일은 선대왕들에게 기도를 올리는 일뿐이었을 것이라는 겁니다. 그런데 증거가 될 사당이나 제사 관련 유적은 흔적도 없고, 놀이 장소인 포석정의 부속 시설물인 돌 유적만 남아 있을 뿐입니다.

남겨진 돌 유적은 포석정의 부속 시설물로, 63개의 돌덩이를 이리저리 짜 맞춰 22m 물길을 만들어 뱅글 돌아 흐르게 되어 있습

니다. 유배거유적(流盃渠遺蹟)으로 유상곡수연(流觴曲水宴)을 했다는
데, 우리말로 풀어 보니 '잔이 물 위에 둥둥 떠내린 도랑 유적으로
굽은 물길에 술잔 띄우며 잔치를 했다.'라는 뜻입니다.

유상곡수연은 353년 3월 3일, 중국 남방 난정이란 곳에서 왕희
지 등 당시 문인들이 새봄맞이 의식과 함께 흐르는 물에 잔을 띄
워 시를 짓는 놀이에서 연유했다고 합니다. 그 문화는 한·중·일이
공유했지만, 그 자취는 포석정의 유구가 가장 오랜 역사를 갖고 있
습니다. 그런데 지금의 모습은 일제강점기에 물이 흘러드는 부분
과 물이 빠지는 부분이 없어져 물길을 확인할 수 없고, 남겨진 돌
을 다시 짜 맞추며 기능을 잃어버렸습니다. 옆 고목의 뿌리는 돌
유구를 들어 올려 유상곡수연의 기억마저도 잊혀 버렸습니다.

역사여행에서 자주 만나는 궁성이나 산성유적은 범국가 사업으
로 나라의 힘을 나타냈을 것이며, 옛 유적 중 남겨진 석탑이나 석
등 같은 불교 조각들은 종교적인 신심과도 결부되었을 것입니다.
사실 사람들의 생활 모습은 보기가 힘들지요.

역사가 사람들의 이야기라고 한다면 실생활 문화를 보여 주는
유적과 유물이야말로 진짜 역사 이야기가 아닐까 생각됩니다. 포
석정에 들어서서 '에게'라면서 실망했던 것은 웅장함이 없어서이기
도 하지만, 주요인은 천 년도 훨씬 더 넘는 시절에 과학적 계산과
기술로 만들었던 물길이 뒤틀리고 그곳을 빙그르 돌아 흐르는 술
잔을 마주 대하는 신라인을 상상하기 힘들기 때문일 것입니다. '이

게 다예요?'라고 묻는 사람들의 실망감을 극복하는 저의 해설 비법은 이곳에서 직접 시 짓기 이벤트를 해 보는 것입니다. 신라 사람들처럼 압축된 한자로 정형하게 시를 짓는 능력은 없을지라도 우리말로 삼행시 정도는 다들 만들 수 있지요.

경주 포석정

"포석정 유구 저 위에 잔을 띄우고 그 잔이 뱅글뱅글 돌아 내 앞에 도달하는 시간 5분 드립니다. 포석정으로 삼행시를 지어 보세요."
기억에 남는 장원 작품 운 띄워 읽어 봅니다.

포: 포동포동 우리 아기 정말 이쁘지요.

석: 석 달 열흘 세 번을 제 배 속에 넣고 다녔답니다.

정: 정이 가는 이 세상 최고의 보물입니다.

9

익산 백제역사유적

2015년 7월, 백제역사유적지구가 세계유산에 등록되었습니다. 경주의 신라유적, 평양의 고구려유적과 더불어 삼국시대 삼국의 자취가 모두 세계의 역사 유산으로 인정된 것이지요. 고구려는 도읍지였던 평양에 있는 고분군, 신라는 역시 도읍지였던 경주의 유적들, 백제는 세 지역의 유적들이 세계유산에 등록되었습니다.

세계유산인 백제 유적이 있는 세 지역은 어디일까요?

우리가 백제 역사여행을 계획할 때 제일 먼저 떠오르는 곳이 공주와 부여입니다. 공주의 공산성이나 무령왕릉, 부여의 낙화암과 정림사지 등이 머릿속에 떠오르잖아요. 그리고 묻히고 잊힌 곳으로 서울의 풍납토성과 몽촌토성까지를 백제의 유적 역사여행으로 찾기도 합니다.

백제 역사를 얘기할 때도 한성백제, 웅진백제, 사비백제로 나누어 한성인 서울, 웅진인 공주, 사비인 부여에 도읍이 있었던 때로 시기를 구분합니다. 백제가 전체 678년의 역사를 가지고 있는데 첫 정착지인 한성(서울)에서 500년, 그리고 피난살이 웅진(공주) 70년, 다시 재도약을 위한 천도로 사비(부여) 120년의 기간입니다.

그래서 백제 역사하면 공주와 부여 그리고 서울 정도로 생각하게 되는데, 세계유산 백제역사유적은 공주와 부여 그리고 익산 지역이 등록되었습니다. 갑자기 익산이 나와 당황스러운가요? 익산의 세계유산, 백제역사유적지구를 찾아가겠습니다.

우리나라에는 「고도 보존 및 육성에 관한 특별법」이 있습니다. 고대 국가 도읍지로 오래 지속되었던 고도(古都)는 과거의 문화유적이 복합적으로 산재해 있어 문화적 보고로 인정받고 있으며, 이러한 고도의 역사적 문화 환경을 효율적으로 보존하고자 도입된 제도입니다. 해당된 고도에서는 건축물을 올리거나 도로 등의 형태 변화 시에는 해당 관청장의 허가를 받아야 합니다. 그러한 고도 보존에 관한 특별법에 해당되는 도시가 우리나라에 네 곳, 경주, 공주, 부여 그리고 익산 일부 지역입니다.

역시나 익산은 약간 의외이지요. 옛 도읍지인 고도로 인정이 되려면 네 가지 조건을 충족해야 합니다. 왕궁, 왕릉, 사찰, 산성입니다. 익산에 이 네 조건이 충족된다는 얘기입니다.

익산에 왕궁이 있을까요? 익산에 세계유산으로 등록된 왕궁리 역사유적지구가 있습니다. 왕궁리 5층석탑이 있는 곳, 석탑과 그 주위 조사를 했습니다. '탑이 있으니 절이 있었겠지.'라며 발굴을 시작했는데, 석탑이 있기 전에 더 큰 목탑이 있었고, 다시 목탑 자리 주위를 조사했더니 탑 좌우로 거대한 건물터가 발견됐고, 이어 건물 뒤편으로 언덕 비탈에 계단식으로 층을 내 건물을 차곡차곡 올렸던 흔적과 후원까지 발견됐습니다.

전체적인 틀은 약간 틀어진 긴 네모꼴로 축구장 20개의 크기인데, 궁궐이 아니면 생각할 수 없는 규모입니다. 궁궐급 규모의 건물이 언젠가 쓰임새가 사찰로 바뀌고, 거기에 탑이 들어선 거지요. 그 탑이 왕궁리 5층석탑이며 이 일대가 세계유산으로 등록된 겁니다.

익산 왕궁리5층석탑

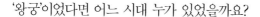

'왕궁'이었다면 어느 시대 누가 있었을까요?

백제 때인지 통일신라 때인지, 고려 때인지 이 또한 명확하지 않아 축조 연대설은 의견이 분분합니다. 멀리로는 고조선 준왕이 남하해 마한 세력을 형성했다는 설, 고구려 유민이 터전을 잡았다는 설 그리고 가장 설득력을 갖고 있는 백제 무왕과의 연계설이 있습니다. 백제 말기 서동요의 주인공으로 잘 알려진 무왕, 그가 부여에서 익산으로 천도를 실행했는지는 미지수이지만, 그와 관련된 기록과 전설들은 곳곳에 남겨져 있습니다.

1989년 시작된 유적 발굴은 아직도 진행 중입니다. 그러면서 에피소드도 많이 나오는데, 유적 전시관에 다른 곳에서는 볼 수 없는 독특한 디오라마가 설치되어 있어 일행들과 함께면 꼭 소개하고 갑니다.

탑 주변 건물지 뒤편 발굴하며 땅을 파 내려가는데 거름 냄새가 나더랍니다. 과일 창고로 생각하며 과일 씨라도 건질까 싶어 흙을 하나하나 조심히 쓸어내렸죠. 나중에 거기 흙에서 나온 성분을 조사했더니 기생충 알이 나옵니다. 화장실이었던 거죠. 다른 지역 발굴지에서도 화장실 유구는 나오지만, 왕궁리 유적에서는 화장실 뒤처리용 도구도 발견됩니다.

당시 화장실에서 뒤처리는 어떻게 했을까요? 나무를 30㎝ 자처럼 깎아 동그란 연필꽂이 같은 통에 넣어 두었습니다. 뒤처리용 나무 도구이지요. 유적 전시관에 변을 보고 있는 사람과 그 앞에 백제 화장지가 함께 전시되어 있습니다. 아이들이 재밌어하며 보는 부분이지요.

익산의 왕궁리 5층석탑 일대 그리고 익산의 또 한 곳이 세계유산에 포함되어 있습니다. 바로 미륵사지입니다. 우리나라 최초의 석탑이라고 전해지는 미륵사지 석탑이 있는 곳입니다.

미륵사 이야기는 『삼국유사』 기록으로도 전해집니다. 서동과 선화공주 이야기입니다. 마를 파는 서동이가 경주에 들어가 노래를 만들어 '선화공주와 서동이가 연애하는 사이라네.'라고 퍼뜨려 결국엔 둘이 결혼을 하고, 서동이는 백제 30대 무왕이 된다는 이야기입니다.

어느 날, 행차 중 미륵불이 나타나 연못을 메워 절을 지으라고 하여 미륵사를 창건했다는 전설은 신라의 선화공주를 주인공 삼았습니다.

그런데 반전이 일어납니다.

2009년 미륵사지 서쪽 탑을 해체하는 과정에서 '금제사리봉영기'가 발견됩니다. 사리봉영기는 탑 안에 사리를 넣으면서 함께 그 일련의 과정을 글로 써 넣은 기록물입니다. 금으로 만들어져 금제사리봉영기라고 부릅니다. 발견된 그 기록에 선화공주의 이름은 없고 백제 사택적덕의 따님이신 왕비께서 만들었다고 나옵니다.

실물로 나온 기록은『삼국유사』에 실린 설화보다 더 강하게 다가옵니다. 미륵사와 선화공주의 연결 고리,『삼국유사』에 실린 서동과의 이야기가 힘을 잃게 되죠. 그래서 아쉽습니다. 그곳의 해설사는 사리봉영기 발견 이후 선화공주 이야기가 없었다는 아쉬움을 기어이 놓질 못합니다. 미륵사지에 탑이 이것 하나만 있는 것은 아니며, 미륵사는 3탑 3금당 형식으로 탑이 두 개는 더 있었다고요. 그중에 하나는 선화공주 이야기가 있었을 것도 같다는 것입니다.

저 또한 스토리텔러이고, 어떨 땐 과감히 스토리메이커가 되다 보니 한마디 덧붙입니다.

"아니다.『삼국유사』의 이야기처럼 선화공주일 수도 있다. 그 선화공주가 살았을 때 조성 계획을 갖던 탑이 왕비가 죽고 다시 새 왕비인 사택적덕의 딸 때 완성이 되었을 수도 있다."

안타깝게도 선화공주 이야기는 없지만, 분명한 것은 1,400년 전 백제 왕국의 왕비가 왕의 평안함과 왕국의 안녕을 비는 내용으로 탑을 쌓고 절을 만들어 놓은 것입니다.

우리나라 최고(最古)와 최대(最大) 석탑인 미륵사지 석탑은 일제 강점기에 시멘트 보수 처리를 해 놓은 상태로 남아 있던 걸 2001년부터 해체와 보존 작업을 거쳐 2019년에 재탄생되었습니다.

세계유산 백제유적 미륵사지석탑은 이제 다시 세계유산으로 우뚝 그 자리에 서게 되었습니다.

10

공주 무령왕릉 그리고…

단군신화에 등장하는 곰과 호랑이는 진짜 동물로서 곰과 호랑이가 아닌 곰과 호랑이를 믿는 부족 간 경쟁에서 곰을 믿는 부족이 외부 세력과 힘을 합쳐 새 나라를 건설한 것을 말한다고 하지요. 고조선은 우리 민족의 첫 나라이고, 그 시작엔 곰 이야기가 있습니다. 역사유적 도시 중에 옛 지명이 곰나루라고 불리던 곳이 있습니다. '곰 웅(熊)'에 '나루터 진(津)', 웅진이지요. 지금 지명은 공주입니다. 아이들 학습지 브랜드 중 '웅진씽크빅'의 웅진이 공주에서 연유합니다. 씽크빅을 만들었던 기업주가 공주 출신이었기 때문입니다. 공주는 곰주라고도 불렸으며, 곰주가 발음하기 어려웠다는 설도 있고, 한자로 옮기는 과정에서 공주가 되었을 것이라는 설도 있습니다.

'거기 하면 그것' 하면서 그 지역을 대표하는 것들이 있습니다. 그 대표성을 역사유적으로 한정한다면 공주는 백제역사유적이 대표합니다.

매년 부여와 공주에서 지역 축제로 백제문화제가 열립니다. 몇 년 전 축제 기간 공주에서 678m 인절미 잇기 행사가 펼쳐졌습니다. 기원전 18년, 한강 유역에 터잡은 이후 고구려의 침입에 웅진으로 천도하고 재기를 노리며 다시 사비로 도읍을 정해 재도약을 하지만 결국 660년 나당 연합군에 패한 백제의 역사가 678년입니다. 678m짜리 인절미의 의미이지요. 그런데 왜 인절미였을까요?

공주엔 백제의 두 번째 도읍으로 왕궁을 삼았던 공산성이 있습니다. 북쪽으론 금강을 끼고 있어 천도 당시엔 고구려의 침입에 대비한 산성입니다. 공산성에서 백제의 마지막 왕인 의자왕이 생포되며 백제의 역사는 끝이 났고, 그 언저리에서 일어난 후백제도, 후백제를 점령한 고려도 흥망을 뒤로한 시간이 천 년이 흘러갈 즈음, 또 다른 왕조의 임금이 공산성으로 피난해 들어옵니다. 조선 16대 왕인 인조입니다.

반정에 의해 옹립된 인조는 신하들에게 휘둘릴 수밖에 없었겠지요. 반정의 논공행상에 불만을 품은 이괄의 난을 피해 공산성까지 피난 온 것입니다. 피난길이었으니 정해진 시간에 안정된 먹거리를 얻기가 쉽지 않았을 것입니다. 누군가 떡을 해 임금께 올리니, 궁색하던 차 호의가 고마웠을 것입니다. "무슨 떡인데 이리 맛있는가?"라고 물으니, 공주에서 임씨 성을 가진 이가 올렸다고 하여 '임씨가 만든 전하의 절미'를 줄여 '임절미'가 탄생했고, 발음하기 편한 인절미로 되었다고 전해집니다. 678m 인절미 행사는 백제와 조선의 역사가 빚어낸 합작품이지요.

공주가 백제의 두 번째 도읍지였던 웅진백제 시기는 475년부터 538년까지 64년 동안으로, 백제 역사의 10분의 1도 안 되는 기간입니다. 백제 역사 전체를 놓고 봤을 때 미미하지요. 그런데 공주가 백제 역사를 대표하는 데 손색이 없는 유적 유물이 백제 멸망 후 1,300여 년이 흐른 1971년에 장마철을 대비한 고분 배수로 설비 공사 중 우연히 발견됩니다.

이전의 백제 무덤이 모두 도굴되어 빈껍데기만 있었던 것에 반해 백제 25대 무령왕릉이 어느 날 세상에 모습을 드러냅니다. 왕과 왕비가 언제 죽고 언제 묻혔는지 기록이 새겨진 지석과 함께 4,600여 점에 이르는 다량의 유물이 발굴되었고, 그중 12종목 17건이 국보로 지정되었습니다. 언제 살았던 누구의 무덤인지 아는 만큼 유물의 절대 연도가 확실해 백제 역사뿐 아니라 당시의 동아시아 역사 연구에도 중요한 자료가 되었습니다.

무령왕릉도 공산성도 역사여행길 공주에선 꼭 돌아봐야 할 주요한 코스입니다. 더불어 기왕 공주에 발걸음을 한다면 두 곳만 더 들렀다 가시길 권합니다.

석장리와 우금치입니다.

공주 금강 변 석장리엔 50만 년 전부터 2만 년 전까지 구석기 사람들이 살았던 흔적이 층층이 쌓여 있습니다. 50만 년 전이면 인류가 호모사피엔스 이전의 호모에렉투스라고 불리던, 그야말로 까마득한 오래전입니다. 그 시절의 흔적이 공주 석장리유적이란 이름으로 보존되어 있습니다.

그리고 1894년 전라도에서 출발한 동학동민군 10만 명이 한양으로 올라가던 길목에서 조선관군과 일본군에 의해 학살당한 우금치가 있습니다.

왕권을 지키기 위해 외국 군대의 총칼을 빌려 그 백성을 도륙한 집단은 그 백성의 주인 노릇을 포기한 것이지요. 조선왕조가 망하기 시작하는 지점에 우금치가 있습니다. 조선왕조의 멸망을 역사로 공부했다면 알 것입니다. 현시대 또한 정권을 지키기 위해 총칼로 국민을 억압한다면 그로부터 대한민국은 망하게 될 것입니다. 역사 공부는 지나가는 시간에 일어났던, 내가 경험하지 못했던 것을 공부하면서 미래를 위해 지금 어떻게 살아가야 하는지를 공부하는 것입니다.

11

부여 백제의자왕단

역사여행으로 아이들과 함께 부여를 찾습니다.

"삼국시대는 세 나라가 있었는데 어떤 나라가 있었지?"

"고구려, 백제, 신라요."

"고구려 하면 누가 제일 먼저 떠오르니?"

"광개토대왕, 을지문덕, 주몽"

"그럼 신라 하면 누가 제일 먼저 떠올라?"

"김유신이요."

"김춘추요."

"박혁거세요."

앞다투어 위인전기로 다뤄지는 인물들을 말합니다.

"자, 그럼 오늘 우리가 가는 백제 하면 뭐가 떠올라?"

"의자왕이요."

"삼천궁녀요."

"계백이요."

백제 하면 떠오르는 인물로 의자왕이나 계백 그리고 삼천궁녀를 말하는 것은 어린이뿐만 아니라 성인도 마찬가지입니다.

삼국시대를 역사로 공부하는 우리에게 고구려와 신라는 왕조의 시작이나 전성기 때 인물이 떠오르며 강한 나라였다는 인상을 남기지만, 백제는 망할 당시의 사건이나 인물이 이미지로 떠오릅니다. 그것은 지금 이전의 세대도 그러하였고, 더 앞선 역사 시기 조선, 고려, 더 멀리는 백제가 망할 당시부터 있었던 일이었습니다. "강한 자가 살아남는 것이 아니고, 살아남은 자가 강한 것이다."라는 말의 전형적인 본보기이지요.

한강 주변에서 시작된 백제 역사는 고구려에 밀려 개로왕이 전사하며 500년 도읍지를 떠나 웅진(공주)으로 급히 옮겨 왔고, 70년 후 재기를 위해 터를 잡은 곳이 사비, 지금의 부여입니다. 678년의 역사를 갖고 있는 백제, 부여는 그 마지막 기억이 있는 곳입니다. 그렇기에 부여로 역사여행을 가면 백제 이야기가 주가 되어 부소산성, 정림사지, 부여박물관, 백제왕릉원, 궁남지를 코스로 돌게 됩니다.

"낙화암은 안 가요?" 백제의 마지막으로 기억되는 낙화암 또한 백제 하면 떠오르는 대표 이미지이지요. 낙화암은 부소산성에 있습니다.

백제의 왕궁이 있었을 것이고, 그 왕궁을 방어하기 위한 시설이

부소산성입니다. 부소산성에는 아직도 백제 당시 토성의 흔적을
볼 수 있으며, 산성 길을 따라 오르면 꼭대기 백화정을 지나 낙화
암에 닿습니다. 삼천궁녀 전설을 받아들이기엔 너무나 왜소한 규
모의 낙화암. '떨어질 타(墮)'에 '죽을 사(死)'의 타사암이 시인 묵객
들의 감상이 더해져 '꽃이 떨어지는 바위' 낙화암이 되었고, 소설로
노래로 불리며 삼천궁녀는 백제 의자왕의 폭정 이미지를 한층 더
강조하게 되는 사실 아닌 역사가 되어 버렸지요.

　낙화암을 올랐던 반대 길로 내려서면 고란사에 다다르고, 고란
사 나루터에서 백마강을 가로지르는 황포 돛배를 타고 백제 구드
래 나루터에 이릅니다. 이 구드래 나루터에서 660년 백제 의자왕
과 백성 만 2천 명은 패망한 고국을 떠나 당나라로 압송됩니다.

부여 백마강

　7월 여름이었습니다. 의자왕은 생포되어 항복 의식을 치릅니다.

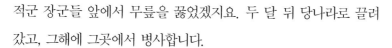

적군 장군들 앞에서 무릎을 꿇었겠지요. 두 달 뒤 당나라로 끌려갔고, 그해에 그곳에서 병사합니다.

1335년이 지난 1995년, 부여에서 의자왕 무덤찾기팀을 꾸려 중국을 향합니다.

'낙양성 십리하에 높고 낮은 저 무덤들'을 이리저리 찾아보지만, 패배해 잡혀 온 인근 나라 왕의 무덤을 누가 기억하고 있었겠습니까? 하남성 낙양을 기반으로 그동안 세워졌다 스러진 중국 땅의 왕조도 여럿이며, 세월마저 1,300년인데요.

무덤을 찾을 길 없어 낙양 북망산의 흙 한 줌과 함께 백제 의자왕의 영혼은 백제 도읍 사비로 되돌아옵니다. 그래서 만들어진 게 백제왕릉원 의자왕단입니다. '릉'이 아닌 영혼을 모신 '단'이란 이름의 비석이 봉분 앞에 세워져 있습니다. 2,000년의 일입니다.

의자왕의 영혼은 중국 낙양의 흙 한 줌과 함께 고향으로 돌아왔을까요? 아니면 시신이 묻힌 그 자리를 못 벗어나고 아직 당나라 땅 중국에 있을까요?

아니, 그의 영혼이 어디에 있는가보다는 그의 모습을 제대로 그리는 게 먼저일 성싶습니다.

의자왕은 충신들의 말을 흘려들으며, 삼천궁녀를 거느리고 부패와 타락을 일삼아 망국으로 이르게 한 폭군이었을까요?

인류 역사가 있고 무수한 나라가 건국되고 멸망했습니다. 멸망하는 나라의 지배층은 죽거나 기득권을 잃게 되고, 피지배층은 새로 들어선 지배층에 다시 충성해야 살 수 있으며, 새로운 지배층은 피지배층을 감싸 안아야 완전한 통합을 이룰 수 있었습니다. 피지배층의 충성을 돋우려 이전 지배층의 무능력과 탐욕을 보여야 했겠지요. 이전 집단의 마지막 대표자를 폭군 내지는 무능력한 왕으로 규정하고 새 역사를 써야 했으니, 의(義)롭고 자(慈)애로운 이름을 가진 의자왕도 그 피해자가 아니었을지 의자왕 편에 서서 잠시 생각해 봅니다.

12
—

논산, 계백장군묘와 견훤왕릉

역사체험학습으로 논산을 갑니다. 역사체험학습이라면 경주나 부여·공주 등 옛 도읍의 흔적이 있는 곳이나 아니면 수원화성이나 독립기념관처럼 입으로 전해진 힘이 느껴지는 곳, 그도 아니라면 지방 중심 도시로서 국립박물관이라도 있어야 할 법한데요. 논산을 가자니 "논산엔 뭐가 있어요?"라는 물음부터 듣습니다.

논산엔 뭐가 있을까요? 먼저 '논산'이란 지명부터 보겠습니다.

논산(論山)은 '논할 논(論)'에 '뫼 산(山)'을 씁니다. 의논하는 산이라는 뜻일까요? 김해를 '쇠바다'라는 한글 이름으로 풀어 말하는 것처럼 논산은 한글로 풀어 '놀뫼'라는 말을 씁니다. '놀뫼'는 '노란산'이라는 말입니다. 한자어 지명은 소리만 있고 우리 글이 없었을 때 불린 것을 한자로 바꾸다 보니 현재의 훈음으로는 애매한 경우도 보입니다. 놀뫼의 논산이 그렇지 않은가 싶습니다.

다시 놀뫼의 노란산을 한자로 바꿔 보니 황산(黃山)이 되고, 황산

하면 노래와 영화로도 잘 알려진 '황산벌'이 떠오릅니다. 맨 처음 우리말에서 한자로, 다시 한글로, 또다시 한자로. 너무 많이 돌아왔습니다. 황산벌, 즉 논산엔 계백의 이야기가 있습니다. 그리고 백제가 망하고, 한참 후 백제의 한을 끄집어내며 후백제를 세웠던 견훤 왕의 무덤이 논산에 있습니다.

논산엔 백제군사박물관이라는 시설이 있습니다. 백제군사박물관은 계백의 무덤이라고 전해지는 자리 옆에 위치합니다. 규모도 상당하고 아이들 체험거리도 많은 곳입니다.

군사박물관 설립의 근거가 된 계백장군의 무덤이 주 동선이 되어야 하는데, 주차장에서 내리면 동선은 박물관으로 연결되어 있어 박물관이 먼저 눈에 들어오고, 정보 없이 찾는 사람들은 박물관만 보고 돌아서기도 합니다. 저는 계백장군의 묘부터 보고 군사박물관을 돌아봅니다. 그게 역사체험학습의 주목적과도 부합하고 기본 예의라고 생각되니까요.

곁길로 돌아 소나무 숲 언덕길을 오르면 '백제계백장군지묘'라 쓰인 돌비석과 함께 커다란 봉분이 보입니다. 계백장군의 무덤입니다.

계백은 장군입니다. 사실 장군은 전쟁에서 이겨야 하고, 우린 이긴 장군을 기억합니다. 이순신이 영웅이고 을지문덕, 양만춘, 강감찬 등 전쟁에서 이긴 장수들이 위인인 것입니다. 아니, 패전을 했다고 해도 그로 말미암아 적의 예봉이 꺾인 그런 장수를 영웅시합니다. 그런데 계백은 전혀 기록이 없고 느닷없이 백제가 멸망할 때의 마지막 패전 기록만 있는데도 유명합니다. '한국을 빛낸 위인들'이라는 노래에도 당당히 이름을 올리고, 국가에서 표준 영정으로 그려진 얼굴도 있는 인물입니다.

신라 중심 사관으로 썼다는 『삼국사기』〈열전〉에 기록된 인물은 50명 정도 되는데 그중 대부분이 신라 인물이고, 기록된 백제 인물 3명 중 한 명이 바로 계백입니다. 최후의 싸움에 나섰던 이야기가 전해집니다. 삼국시대 말기, 당나라와 신라군이 밀려올 때 마지막 오천 병력의 백제군 장수, 싸움에 나설 때 처자식을 죽이고 죽기를 각오하고 나섰다는 계백장군. 그런 용맹한 장수가 있었는데도 백제는 패합니다. 마지막 임금인 의자왕을 더 낮게 보이려는 의도는 아니었을까 조심스레 생각해 봅니다.

계백의 최후는 계백 자신의 최후이기도 하지만, 백제의 최후이기도 합니다. 678년 백제 역사의 마침표가 바로 여기에서 찍힙니다.

논산의 견훤왕릉을 가면서 참가한 일행들에게 물어보면 이전에 이곳을 와 보았다는 이는 없습니다. 관광버스 기사도 마찬가지 초행길인지라 내비게이션이 안내하는 대로 찾아갑니다.

논산 시내에서 15분 정도 달려 시골 마을 길을 지나쳐서 어느 교회 앞에 넓은 주차장이 있습니다. 화장실도 갖춰진 논산에선 나름 역사 관광지로 마련된 곳임에도 언제나 그렇듯 방문객은 우리뿐입니다. 견훤이 한국 사회에서 자리매김하는 정도겠지요. 주차장 옆으로 언덕길이 나 있고, 한글 반 한자 반의 안내판이 보입니다.

견훤왕릉(甄萱王陵)의 '甄'은 견으로도 읽히고, 진으로도 읽힙니다. 그래서 견훤이 아니고 진훤이라고 말하는 사람도 있습니다.

견훤은 죽음의 해는 알려져 있지만, 정확한 생년은 모릅니다. 전해지는 후백제 시기 활동을 참조해 그의 탄생을 867년으로 산정해서 말합니다. 경북 상주 출생입니다. 그리고 신라의 장수가 되어 중앙의 명을 받아 무주(광주)로 파견되어 나옵니다.

그의 아버지는 농민이라고 전해지는데, 일정 세력을 형성한 농민이라고 해도 견훤의 근거지인 후백제와는 떨어진 지역이었으니 견훤이 세를 형성하는 데 밑바탕이 되었을 것 같지는 않고, 『삼국유사』에 전해지는 견훤의 탄생 설화에서 그의 세력 형성의 힌트를 얻어 봅니다.

어느 부잣집에 딸이 있었는데, 자주색 옷을 입은 남자가 밤만 되면 딸의 방에 와서 동침하고 새벽이 되면 사라집니다. 딸이 이 사실을 아버지에게 털어놓자 아버지는 딸에게 밤에 그 남자가 다시 오거든 남자의 옷에 몰래 실을 꿰어 둔 바늘을 꽂아 두라고 당부했습니다. 날이 밝자 실을 따라가 보았는데, 북쪽 담장 밑에 커다란 지렁이의 허리에 바늘이 꽂혀 있었고, 이후 딸은 임신하여 아들을 낳았는데 그가 바로 견훤이었습니다.

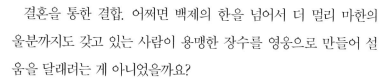

결혼을 통한 결합. 어쩌면 백제의 한을 넘어서 더 멀리 마한의 울분까지도 갖고 있는 사람이 용맹한 장수를 영웅으로 만들어 설움을 달래려는 게 아니었을까요?

지방으로 파견된 20대 청년이 연고가 아닌 곳에서 세를 규합하려면 밑바탕이 있어야겠지요. 혼인을 통한 세의 확장이 있지 않았을까 생각됩니다. 인연 중에 가장 질긴 게 혈연이며, 가족입니다. 그런데 가족이 아니면 억지로라도 만들어야겠지요. 그것이 바로 결혼입니다. 동시대에 활약한 왕건 또한 부인이 29명이었으며, 많은 부인을 둔 것은 호족연합체를 구축하려는 방편이었다고 전해지니, 당시 견훤이 활약하던 시절은 결혼을 통한 세의 확장이 유행이었나 봅니다.

계백장군의 묘도 그러하고, 견훤왕릉도 실은 원래 여기인지는 확실히 모르고 전해 내려오는 이야기를 종합하건대 아마도 여기가 아닐까 하며 1960년대 이후 확정한 곳들입니다. 좀 허무하지요. 그래도 나름 고증을 거치고, 믿을 만한 기관에서 확정한 것이니 그들의 무덤을 보면서 그들이 만든 역사에 대해 생각해 볼 만은 합니다.

660년, 계백의 최후와 함께 백제는 신라에게 패했고 백제 땅의 사람들은 어느 날 신라 사람들이 되었습니다. 그로부터 250년이 지나고 그 땅에 후백제가 세워집니다. 희미해졌을지라도 후대로 전해진 250년의 설움이 있었겠지요. 그리고 후백제는 다시 고려에게 패합니다. 백제 땅의 사람들처럼 같은 자리 후백제 땅의 사람들은 다시 다른 지배 세력을 맞아야 했을 것입니다. 고려의 수장인 왕건의 말이 전해집니다. "차령산맥 이남의 사람은 쓰지 말아라." 이 내용이 들어 있는 훈요십조가 위서니 아니니를 떠나서 고려의 국시입니다.

고려가 500년을 갑니다. 차별 대우를 받았을 이 지역 사람들의 정서는 어떠했을까요?

오늘은 상상력을 많이 발휘했습니다. 하나만 기록되어 있는 곳에서 둘, 셋을 찾아내려면 역사여행은 일정 부분 상상력도 필요합니다. 우리 민족만이 최고라느니, 황당무계한 수준만 아니라면요.

13

—

충주 고구려비

"중원을 차지하는 자가 천하를 다스린다."

중국의 분열 시기에 패권을 차지하는 과정에 자주 나오는 말입니다. 중국에서 중원은 4,000년의 역사를 갖고 있는 허난성 낙양과 진시황 병마용으로 유명한 섬서성 서안 일대로, 황하가 흐르는 중국 대륙 가운데를 말합니다. 중국의 중원처럼 우리나라도 중원을 차지하는 자가 한반도 패권을 쥐었던 때가 있었습니다. 그곳은 실제 이름도 중원으로 불리었고, 고대 국가를 대표하는 삼국시대의 고구려·백제·신라는 중원 패권을 놓고 격돌하며 그곳을 차지했을 때 가장 힘이 강했습니다.

중원은 충주의 옛 지명입니다. 한반도 중원, 충주를 찾아갑니다.

1979년 어느 날, 충주에서 고구려 비석이 발견되었습니다. 고구려 당시의 이름은 잊힌 새로 지어진 이름이 '중원고구려비'였고, 지금은 '충주 고구려비'가 정식 명칭입니다. 현존 고구려비는 20세기

초에 확인된 광개토대왕비와 2012년 중국에서 발견된 또 하나의 비석, 그리고 충주 고구려비 세 개입니다. 우리나라 역사상 가장 넓은 영토를 차지했음에도 고구려의 역사 흔적은 귀합니다. 영토 대부분이 지금의 북한과 중국 땅에 있었던지라 역사여행으로 직접 유적지를 찾아가기 쉽지않는 일인데, 발견된 3개의 비석 중 하나가 충주에 있어 고구려 주제 여행 때는 충주를 찾게 됩니다.

고구려비는 충주 입석(立石) 마을이란 곳에 서 있었습니다. 국가 행사로 세워졌을 기념비는 나라가 망하고 사람들도 이리저리 흩어져 1,500년의 세월이 흐르고 난 뒤, 대장간의 기둥으로 쓰이던 것을 마을 입구로 옮겨 마을 이정표로 삼았고, 홍수에 넘어지자 다시 세우며 재기를 다짐했던 마을 상징 돌이 되었습니다. 충주 답사동호회에서 선 돌에서 글자 흔적을 확인하고 대학 발굴팀의 고증을 거쳐 고구려비임이 밝혀져 지금은 고구려비 전시관에 보호되어 전시 중입니다.

충주 고구려비에서 비롯된 전시관에서 충주의 역사부터 시작해 고구려 역사를 거쳐 마지막 방에서 고구려비를 만날 수 있습니다. 비는 네 면에 500여 글자가 있었을 것으로 보이며, 마모되어 판독되는 것은 200여 자 정도로 언제 누가 왜 세웠는지는 명확하게 밝혀지지 않았지만, 다른 기록과 맞추어 당시 삼국의 관계를 다시 확인시켜 주는 비석입니다.

네 면 중 편의상 제1면. 실제 비석에서는 눈으로 확인하기 어려웠으나, 레이저 기법으로 한 글자를 확인했습니다. '巡(순)'. 고구려왕이 새롭게 개척한 땅을 돌아봤다 정도로 덧붙이기 해 봅니다.

2면엔 아홉 글자가 확인되는데, 고구려의 관등명으로 여겨지고 가장 많은 글자가 확인되는 3면에는 당시 신라와의 관계나 역사 사실을 추측해 볼 수 있으며, 4면은 시기와 지역을 알 수 있는 글자들이 보입니다.

4~5세기는 가야를 포함한 삼국시대의 격동기입니다. 371년 백제 근초고왕이 고구려 고국원왕을 죽이고, 396년 고국원왕 손자인 광개토대왕은 백제 한성에 들어가 백제왕의 항복을 받아냅니다. 백제와 왜는 400년에 신라에 처들어오고, 고구려는 가야 세력을 뒤흔들어 금관가야의 몰락을 가져옵니다. 475년엔 장수왕이 백제 개로왕을 죽이고 한강을 차지하고, 481년엔 신라 북쪽을 차지해 중원에 국원성을 설치합니다.

우리나라의 유일한 고구려비로 위상을 갖고 있는 충주 고구려비는 당시 고구려와 신라의 관계, 고구려의 관등 조직과 인명, 그리고 고구려에도 이두식 표기가 사용되었다는 정보 등 1,500년 전 이야기를 전해 줍니다.

새겨진 글씨로 얻은 정보, 더 나아가 지금 우리에게 충주 고구려비는 어떤 의미가 있을까요?

충주 고구려비에는 고려대왕(高麗大王)이라는 기록이 있습니다. 고려라는 국명을 쓰기도 했던 고구려는 7세기엔 신라에 합쳐져 한반도 단일 국가가 되었습니다. 신라는 분열 후 다시 국명 자체로 고구려를 계승한 고려로 이어졌고, 고려는 영어 '코리아'의 기원이 되어 지금 세계 사람들에게 한국의 이름으로 알려져 있습니다. 고구려 그리고 고려는 지금 코리아의 원래 이름이었던 것입니다.

과거 고구려 땅 대부분을 차지하고 있는 지금의 중국은 범국가적 프로젝트를 벌여 과거의 역사를 현재의 필요로 짜 맞추려 합니다. 그 술책에 대항할 수 있는 힘이 '고구려'라는 이름에 들어 있습니다.

한반도의 코리아는 고구려를 이은 나라입니다.

2부

500년을 이어 온 조선

1

한양도성의 사대문

조선의 건국이나 궁궐 주제 여행을 떠나는 서울행 버스에서 함께 부르며 노랫말을 익혀 사전 지식을 쌓게 하려고 동요 〈퐁당퐁당〉음에 맞춰 제가 개사한 노래가 있습니다.

일삼구이 조선 이성계/조상 종묘, 농사 사직단/경-복궁 창
덕 창경 경희궁 경운궁/유교 인의예지신 사대문 건설/흥인
지문 돈의문 숭례문 숙정문

조선의 건국 해인 1392년, 조선의 첫 임금인 태조 이성계, 조선의 왕들의 위패를 모셨던 종묘, 국가의 경제를 상징하는 토지의 신과 곡식의 신을 모시던 사직단, 그리고 조선의 5대 궁궐과 사대문. 더불어 사대문의 이름에 녹아 있는 조선 국정 지표인 유교 정신까지 노랫말에 집어넣었지요.

이 노래 속 이야기 중 조선 한양의 사대문을 찾아가겠습니다.

숭례문

처음 예비답사 차 숭례문을 찾아갔을 때입니다. 서울 용산에서 택시를 타고 "숭례문이요."라고 말했더니, 기사가 "숭례문요?" 뒤끝을 올리며 되묻습니다. 순간, 서울에 올라온 촌놈은 당황스럽습니다. 잠시 침묵이 흐르고… "아, 남대문요."라고 기사가 스스로 정리합니다. 기사에겐 숭례문보다는 남대문이라는 이름이 더 익숙했나 봅니다.

숭례문? 남대문? 왜 이름이 두 개일까요?

고려를 무너뜨리고, 새 왕조 조선을 연 세력들은 새 궁궐터로 경복궁 자리를 정합니다. 궁을 기준으로 좌우에 각각 종묘와 사직을 두고, 궁궐과 종묘사직 등 도심을 감싸는 담을 두르고, 동서남북에 사대문을 세웁니다. 사대문은 그 방위에 따라 이름을 붙이면 작명도 편하거니와 사람들에게 인지시키기도 쉬웠을 것입니다. 그런데 동대문, 서대문, 남대문, 북대문의 방위로 된 이름 말고도 사대문의 이름에 새 왕조의 국정 지표를 집어넣습니다. 하나의 문이 두 개의 이름을 갖게 된 사연입니다. 방위의 이름과 가치의 이름 중 사람들에겐 방위의 이름이 더 편했을지라도, 신도시 기획자는 사대문의 현판에 가치의 이름을 붙여 놓았습니다.

조선은 유교 국가를 표방했습니다. 유교는 중국의 혼란 시기인 춘추전국시대에 사람과의 관계에서 마땅히 해야 할 일과 하지 말아야 할 일을 구분 지어 놓고, 이를 실천하게 하여 더 행복한 세상을 구현하려는 목표를 갖고 출발하였습니다. 유교의 출발인 공자가 활동했던 당시 혼란기엔 인기가 없었지만, 이후 중국의 통일 왕조에선 국가 정책으로 받아들이고, 관리가 되기 위한 시험 과목으로, 교양인의 필수 과목으로 유교가 생활 속으로 들어옵니다. 유교 소양은 사회 질서요, 도덕 규범이었던 것입니다. 한자 문화권인 우리도 예외는 아니었고, 유교 국가를 표방한 조선시대엔 말할 것도 없겠지요.

유교에선 행복한 이상 사회를 건설하기 위해 인간 본연의 선한 마음이 단초가 되어야 한다고 합니다. 그것을 네 가지로 규정해 4단으로 개념화합니다. '인의예지(仁義禮智)', 즉 어짊, 옳음, 예의 바름, 지혜를 상징하는 것들이지요. 이 네 가지가 외부로 표출되어 나타날 때 어떤 작용을 하는가로 주리론이네, 주기론이네 하는 정치 학문으로 편 가르기를 합니다. 더 나아가 4단과 더불어 인간 감정인 7정과의 관계에 대해 젊은 선비 기대승이 당시 최고의 학자인 퇴계 이황과 논쟁을 벌였다는 것은 이황의 인물됨을 말할 때와 기대승의 이름값을 말할 때 예시로 자주 드는 이야기입니다.

이 인의예지(仁義禮智) 4단이 한양 도성의 네 개의 대문 이름에 사용됩니다.

인(仁)은 동대문에 '인을 흥하게 하라'는 뜻의 홍인지문(興仁之門)이라는 이름으로 아직도 걸려 있고, 의(義)는 지금은 없어진 서대문에 '의를 돈독히 하라'는 뜻의 돈의문(敦義門)이라는 이름으로, 예(禮)는 '예를 숭상하라'는 뜻의 숭례문(崇禮門)이라는 이름으로 남대문에서 만날 수 있으며, 마지막 지혜를 상징하는 지(智)는 북쪽 대문에 '숙지문'이 되어야 할 터인데 약간 변형된 이름으로 숙정문(肅靖門)으로 전해집니다.

홍인지문, 돈의문, 숭례문, 숙정문. 이 중 동대문인 홍인지문은 왜 네 글자일까요? 도읍지 한양 동쪽 기운을 살리려 '갈 지(之)'를 넣었다고 합니다. 가장 많은 사람이 지나쳤을 숭례문에는 그만큼이나 살펴볼 것이 많습니다. 먼저 세로쓰기 된 현판 글씨입니다. 마주하는 관악산의 화기를 누르기 위한 고려였다고 합니다. 그 덕인지는 몰라도 조선 초에 지어진 숭례문은 임진왜란도 일제강점기도 한국전쟁도 버틴 600년 된 건물이었습니다. 그런데 안타깝게도 현대에 들어 불에 타고 맙니다. 2008년, 지금으로부터 10여 년 전이네요.

당시 글씨 그대로 남아 있는 숭례문 현판은 누가 썼을까요? 세종의 형인 양녕대군을 비롯한 몇 사람의 이름이 오르내리지만 누가 썼다고 명확하게 전해지진 않습니다.

그리고 숭례문이 우리들 입에 가장 많이 오르내리는 이유는 국보 1호이기 때문입니다. 홍인지문인 동대문은 보물 1호입니다. 이 일련번호는 일제강점기 때 일본에 의해 붙여진 것이라 하여 일제 잔재로 언급될 때 자주 회자되는 내용입니다. 실은 남대문과 동대문도 일제강점기 도시 구획 정리 기획자들에 의해 허물어질 위기에서 반대자들의 설득으로 남게 됩니다. 일제강점기 침략자들의 조상인 임진왜란 일본 선봉군이 동대문과 남대문으로 진격했다는 것도 설득 근거 중 하나였습니다. 두 대문이 남겨진 이유이지, 국보 보물 지정과는 별개의 이야기입니다.

지금의 숭례문은 빌딩 숲속에 갇혀 있고, 자동차들에 길을 내주고 있지만, 현대 문명에 기죽지 않고 서 있습니다. 조선 건국부터 600여 년, 얼마나 많은 사람이 꿈을 갖고 이 대문을 통과했을까요?

광주에서 출발한 저는 기차를 타고 다시 택시로 단 반나절 만에 숭례문을 찾았지만, 한양을 찾는 삼남의 사람들은 수십 날을 걷고 유숙하며 숭례문에 다다랐을 것입니다. 한양에 도착했다는 안도감과 함께 긴장감이 생깁니다. 반드시 숭례문을 통과해야 한양으로 들어설 수 있는데, 과객은 칼 찬 숭례문 위병의 검사를 통과해야 한양 진입이 허가되었습니다. 그런데 몸의 진입 말고도 문 위 커다란 '숭례문' 현판 이름을 읽고, 정신을 가다듬으며, 숭례문의 '예'에 대해, 사람이 지켜야 할 도리에 대해 생각했을 것입니다.

몇 해 전부터 초·중·고생들에게 인성 교육을 의무적으로 시행하고 있습니다. 인성의 8가지 덕목으로 '예, 효, 정직, 책임, 존중, 배려, 소통, 협동'을 정해 놓고서 주제별 수업을 하더군요. 사회의 아픔을 치유하는 데 인성 교육이 필요하다는 취지로 만든 인성 항목의 첫 번째는 숭례문에서도 강조한 '예'입니다.

숭례문을 지나치며 '예'가 무얼까 생각해 봅니다. '예'는 보여 주는 것입니다. 상대에게 나의 '예'를 보여 주는 것이고, 상대는 보이는 '예'를 봄으로써 '예'를 표하는 나의 마음을 읽는 것입니다. 나의 '예'를 보고 상대 또한 '예'로써 답을 하겠지요. 너도나도 '예'를 표하게 되면 세상은 더 행복해지지 않을까요?

역사여행 '숭례문'에서 바람을 가져 봅니다.

2

조선 5대 궁궐

역사체험학습 여행사를 운영하며 매주 프로그램을 만들어 광고하고 참가자를 모집해 주제 여행을 떠나지요. 어느 지역을 가장 많이 갔을까요?

우리나라 어느 곳에 역사유적이 가장 많을까 생각해 보면 답이 있을 것 같습니다. 경주나 다른 지역을 생각했을 수도 있겠습니다만, 현재 우리 대한민국의 수도이자, 이전 조선왕조의 도읍이었던 서울을 가장 자주 찾습니다. 서울은 조선의 시작부터 흥성, 시련과 재기, 그리고 멸망까지 500년 역사가 있는 곳입니다. 조선시대 이야기만으로도 서울은 갈 곳이 가득하고, 특히 조선의 5대 궁궐인 경복궁, 창덕궁, 창경궁, 경희궁, 경운궁(덕수궁) 모두 도성 안에 모여 있습니다.

"서울에 궁궐이 5개나 있어요?"

1392년 이성계가 고려를 뒤엎고, 고려 궁궐에서 새 왕국을 선포합니다. 이전 왕조인 고려의 역사가 475년입니다. 새 왕조 조선이 이전 왕조 도읍에서 통치하기가 쉽지 않았겠지요. 새 왕궁터 한양에 종묘사직과 경복궁을 지어 천도합니다. 1394년 10월 28입니다. 지금 서울특별시에서 '정도(定都) ○○년' 하면서 행사로 삼는 연도의 기준이고, 10월 28일은 서울 시민의 날입니다.

이성계가 왕위에 오르기 전 부인에게서 낳은 자식들, 개창조 왕비와 그 자식들, 목숨을 걸고 새 왕조를 열었던 신하들. 이성계 당대에 왕위를 둘러싼 싸움은 왕자들의 죽음에까지 이르고, 등 떠밀려 2대 왕에 오른 정종은 왕위 다툼에 회의를 느껴 이전의 터전인 개경으로 옮겨 갑니다. 이어 왕자의 난의 주역인 조선 3대 왕 태종은 한양으로 재천도하면서 왕자의 난의 장소인 경복궁을 피하려 새로운 궁궐 창덕궁을 짓습니다. 이로부터 한양에 두 궁궐이 정궁과 이궁 형태로 존재하게 됩니다.

궁궐은 임금이 업무를 보고 직계 가족들이 생활하는 곳입니다. 세자를 제외한 왕자와 공주들은 결혼 후 궁궐을 떠나 살지만, 왕이었던 남편을 잃은 대비들은 그대로 궁궐에 머물렀기에 그들을 위한 공간으로 창덕궁 옆에 창경궁이 지어집니다. 경복궁, 창덕궁, 창경궁 세 개의 궁궐이 공존했습니다.

건국 후 정확히 200년이 흐른 뒤 일어난 큰 시련 임진왜란 때 경복궁, 창덕궁, 창경궁 모두 불에 탑니다. 국경 끝 의주까지 피난 갔던 왕이 돌아오니 머물 곳이 없습니다. 왕족의 집을 빌려 임시 궁궐로 삼습니다. 임금인 선조는 지금의 덕수궁 자리에, 세자 광해는 지금의 경희궁 자리에서 지내며 그 두 곳도 궁궐이 되고, 임진왜란이 끝나고 정식 궁궐로서 창덕궁이 복원됩니다. 임란 후 내내 폐허로 남겨졌던 조선 첫 궁궐인 경복궁은 고종 때에 와서야 왕권회복의 기치를 내걸었던 흥선대원군에 의해 지금의 규모로 재건됩니다. 이로써 5개의 궁인 경복, 창덕, 창경, 경희, 경운궁이 존재했지만, 나라는 차츰차츰 일제에 빼앗기면서 궁궐 역시 그 역할이 없어지게 되지요.

이전의 왕이 없어진 현대 민주 시대에 궁궐은 관광지로서의 기능을 합니다. 서울 5대 궁궐이 함께 묶여 세계유산으로 지정되었으면 좋으련만, 궁궐 중 창덕궁이 유일하게 세계유산으로 지정되어 있습니다.

5대 궁궐 중 저는 경복궁을 가장 자주 찾습니다. 첫 궁궐이기도 하고, 궁궐에서 전해지는 웅장함이 들어 있어 역사여행 참가자들에게 보여 주고 들려주고 싶은 이야기가 많기 때문입니다. 그리고 개인적으론 창덕궁을 제일 좋아합니다. 조선 임금이 가장 많이 머물렀다는 창덕궁에도 궁궐 위엄과 관련된 여러 요소가 있지만, 창덕궁은 후원이 있음으로써 그 진가를 발휘합니다.

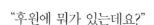

"후원에 뭐가 있는데요?"

후원에 바로 들어서면 정조 임금의 규장각이 있습니다. 규장각이 한옥 건물로 덩그러니 홀로 있지 않고, 주합루라고 하는 2층 건물에 앞은 맑은 못이 넓게 펼쳐져 있으며, 부용정이라는 정자가 마주 보고 있습니다. 건물이 못에 비치는 모습 자체가 하나의 그림입니다.

애련지, 의두합, 불로문, 연경당, 관람정, 존덕정 등을 지나 옥류천에 이르면 숲속 조그만 건물들이 곳곳에 포진해 있습니다. 그리고 여기에 교실 한 칸 크기의 논이 있습니다. 왕이 직접 농사를 지었던 곳이고, 지금도 벼를 키워 쌀 생산을 합니다.

후원은 보호 차원에서 매 시각 정해진 인원만 들어갈 수 있어 미리 예약해야 합니다. 창덕궁 홈페이지를 통해 예약하고, 정해진 시간에 해설사를 따라서만 관람이 가능합니다. 한데 예약하기가 쉽지 않습니다. 특히 꽃피는 봄날과 단풍이 들어 가는 늦은 가을이면 예약 시스템 오픈하자마자 바로 마감됩니다.

그래서 추천하는 들어가는 방법 하나가 있습니다. 인터넷 예약과 함께 일정 수량은 현장 판매를 합니다. 문 열기 전 일찍 가서 매표소 문 열 때까지 기다리면 됩니다. 그 정도 수고를 들일 만하니 창덕궁 후원을 꼭 방문해 보시기 바랍니다.

3

종묘

"외계인이 우리나라를 침략한답니다. 청와대에서 국가안전
보장회의를 해요. 제일 먼저 무슨 결정을 내릴까요?"

조선의 건국이란 주제로 역사여행을 가면서 종묘 해설을 시작하
며 던지는 질문 겸 도입 멘트입니다. 외계인의 침략이라는 경험 밖
상황이라 무슨 대책이 나올지 모르겠지만, 적어도 조선이라면 비
상대책회의에 참석하는 고관들은 '종묘사직을 지키자'로 의견 합일
할 것입니다. 사극 대사로도 익숙한 말이지요. 조선이라는 국가를
지탱하는 제일의 원칙은 종묘와 사직을 지켜 내는 것입니다.

'마루 종(宗)'에 '사당 묘(廟)'를 쓰는 종묘는 역대 왕들의 신주를
모신 왕실 사당이고, '토지신 사(社)'에 '곡식 직(稷)'을 쓰는 사직은
농사의 신을 모시는 공간입니다.
종묘를 찾아갑니다. 종묘는 지금도 아무 때나 들어갈 수 있는 곳

은 아닙니다. 토요일은 자유 관람이지만, 다른 날은 시간제 입장이며, 종묘 인솔자를 따라서만 이동이 가능합니다.

신성 구역이니 말에서 내리라는 입구의 하마비부터 해설을 시작해 중요도에 비해 소박하게 세워진 외대문을 통과해 세계유산 알림판에 닿습니다. 종묘는 우리나라에서 처음으로 등재된 세계유산이고, 종묘에서 행해지는 의례는 세계무형유산입니다. 유교 종주국 중국에서도 단절된 종묘 행사를 우린 아직도 거행하고 있으며, 중국과 대만은 기억으로만 남겨진 의식을 우리에게서 배워 재현해 보려 하고 있습니다. 베트남은 아예 악사를 파견해 종묘 행사에 사용된 악기 연주법을 익히게 합니다.

일반인은 찾기 힘든 한편에 모셔진 공민왕 신당을 찾아갑니다. 종묘는 조선 역대 왕들의 위패를 모시는 곳인데 고려시대 공민왕도 종묘의 별도 공간에 모셔져 있습니다. '뭐가 날아와 어디에 앉아 이곳에 자리를 마련했다' 같은 전설류는 믿을 바가 못 되고, 역성혁명에서 조금이라도 앞 왕조의 정통성을 이어받으려 마지막 개혁 군주인 고려 공민왕을 조선왕조의 사당에 모셔 놓은 것 같습니다.

그리고 왕들이 걸었던 길을 따라갑니다. 그 전에 잠깐, 종묘는 입구에서부터 신들이 다니는 길과 왕과 세자가 다니는 길이 구분되어 있습니다. 흙길 가운데에 세 갈래 길을 만들어 입구에서부터 길게 이었습니다. 가운데 길을 따라가면 임금의 위패를 모시는 종묘 정전에 닿게 되고, 좌·우측 임금과 세자의 길을 따라가면 제사 대기 장소인 왕이 마지막 목욕을 했던 곳에 닿습니다. 몸도 정신도 최대한 정갈한 상태를 유지했을 것입니다.

선대 임금의 신주를 모신 건물은 크게 두 곳이 있습니다. '정전'이라는 곳과 '영녕전'이라고 불리는 곳입니다.

정전이 핵심입니다. 정전 앞에 서면 일렬로 늘어선 기둥과 같은 크기의 칸칸을 다시 기다란 맞배지붕이 누르고 있어 숨을 들이쉬며 한참을 참아야 합니다. 막힌 숨은 월대에서 토해 냅니다. 월대는 땅 위 1m 높이로 정전의 건물을 받치고 있습니다. 정전 앞에 서면 숨막힘과 트임이 공존합니다.

19칸의 정전에는 태조 이성계를 시작으로 마지막 임금 순종까지 열아홉 명의 왕과 왕비의 신주가 모셔져 있습니다. '태정태세문단세'로 헤아리면 전체 27명의 조선 왕 중 존재감이나 이야깃거리가 있는 왕은 정전에 모셔져 있고, 그렇지 않은 왕들은 옆 영녕전 16칸에 모셔져 있습니다. 19+16은 35인데, 조선의 왕이 35명인가요?

왕이 아님에도 나중에 왕으로 올려진 '추존왕'이라는 것이 있습니다. 이성계 위로 4대조와 왕의 아들이 아닌데 왕위에 올라 아버지를 왕으로 올린 이들입니다. 대표적으로 인조의 아버지가 원종이 되었고, 고종이 황제로 등극하며 왕위로 올린 윗대의 왕들 아홉까지 훗날 왕으로 올려져 이들을 추존왕이라고 합니다. 거기다 연산군과 광해군의 사연까지 더해지면 종묘에 모셔진 왕들의 계산

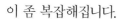

이 좀 복잡해집니다.

조선왕조 임금 27명에 연산군과 광해군을 빼면 25명, 다시 추존
왕 아홉을 더하고, 마지막 황태자 영친왕을 더해 35명의 왕과 왕비
들까지 신주 83위가 모셔져 있습니다.

35분의 왕이라면 왕비까지 더해 70인데 왜 83일까요? 왕비에게
왕은 한 명이지만, 왕에게 왕비는 여럿이 될 수도 있으니까요.

종묘 제례(영녕전)

종묘에서는 5월과 11월, 매년 2회 제사인 종묘대제를 모십니다.
왕을 비롯해 신하들과 제례 집행관들의 복장, 악기 등이 재현되는
행사이지요. 이때는 빠지지 않고 프로그램 만들어 모객합니다.

참가하는 이들에게 제공되는 자료집 후기 부분에 생각 코너를
만들어 놓습니다.

- 나는 종묘에서 진행되는 제사는 계속 진행되어야 한다고 생각한다.

- 아니다. 필요 없는 제사이다.

→ 왜냐면 (_____) 때문에

　전통은 지키는 것입니다. 지켰기에 전통이 되었고, 지키지 못했다면 존재하지 않았겠지요. 전통을 지키는 것은 어떤 의미가 있을까요? 이 땅의 많은 '나'가 '우리'라는 공동체로 인식되려면 과거에서 지금으로 이어지는 어떤 동일성이 바탕이 되어야 합니다. 그것이 전통이고, 전통을 지키는 의미겠지요. 공동체 일원으로서의 숙명 말입니다.

4

일곱 개의 궁, 칠궁

      칠궁은 '일곱 칠(七)'에 '궁궐 궁(宮)'을 씁니다. 일곱 개의 궁궐이라는 뜻일까요? 칠궁에서의 궁은 궁궐이 아니고 사당을 말합니다. 다섯 개의 건물에 조선시대의 7명의 신위가 모셔져 전체를 아울러 칠궁이라고 명명합니다.

    조선은 유교 국가입니다. 유교 원리에 의해 국가가 구성되고, 움직이고, 유지됩니다. 인(仁)으로 대표되는 유교 덕목들이 현실 생활에서 표현되고, 그럼으로써 공동체가 더 발전할 수 있어야 국정 지표로 삼을 가치가 있습니다. 범국가적으로 이럴 땐 이런 예로, 저럴 땐 저런 예로 규범화해 유교 원리를 현실에 적용했습니다. 그중 천지자연과 영혼에게 제를 올리는 예도 명문화해 실천했습니다. 천자의 나라에서는 하늘에 제를 올렸고, 제후국인 조선에는 땅의 신과 곡식의 신에게 제를 지내는 사직단과 선왕의 영혼을 모셔 놓은 종묘가 있었습니다.

종묘에는 조선 첫 임금인 태조의 4대조부터 시작해 역대 왕과 추존왕 그리고 왕비들의 신위가 모셔져 있으며 아직까지도 제를 지내는 세계유산입니다. 그래서 종묘에 모셔진 선왕과 선대 왕비들은 한평생을 이승에서 살았지만, 영원히 제사가 모셔지며 기억되는 존재이지요.

조선은 유교 국가로 효를 가장 중요한 가치로 삼고 국가 기반의 틀로 삼았습니다. 왕이라고 해도 불효를 왕위에서 끌어내리는 이유로 삼기도 했습니다. 광해군이 폐군된 이유에는 계모인 인목대비에게 불효를 저질렀다는 것도 포함되어 있습니다.

효와 제사, 이 둘이 합쳐진 곳이 종묘이며 오늘 돌아보는 칠궁입니다. 칠궁에는 왕의 어머니이면서도 왕비가 되지 못하고 후궁 신분으로 종묘에 모셔지지 못한 이들의 위패가 있습니다.

칠궁은 처음부터 일곱 개의 '칠궁'은 아니었고, 그곳에 처음 모셔진 이는 조선 21대 임금인 영조의 어머니 숙빈 최씨이고, 그가 모셔진 곳이 칠궁 중의 하나인 육상궁입니다.

먼저 '숙빈'이라는 말부터 이해하고 가겠습니다. 조선시대 남자 중 제일 높은 이는 왕이고, 여자 중에 제일 높은 이는 왕비입니다. 왕이 죽으면 왕비는 혼자 살아야 했지만, 왕비가 죽으면 왕은 다음 왕비인 계비를 들일 수 있었습니다.

왕비는 한 명이고, 왕비가 아니면서 왕과 결혼한 이들이 후궁입니다. '비'는 조선 여성 중 최고의 지위이며 계급을 넘어서 오직 한 명입니다. 계급상 최고는 왕비 다음의 '빈'입니다. 정1품 영의정과 맞먹는 품계입니다. 세자의 부인인 세자빈은 사극에서 볼 수 있는 경빈·혜빈·효빈 등등이 있습니다. 세자빈이 아닌 빈들은 왕의 부인이긴 하지만 후궁인 셈이죠.

후궁은 양반가에서 간택되어 들어오기도 했지만 궁녀 중에서도 후궁이 되기도 했습니다. 궁녀 중 가장 미천한 신분인 무수리에서 빈까지 오른 이가 영조의 어머니인 숙빈 최씨입니다.

제가 영조 임금의 입장이 되어 봅니다. 나의 아버지, 할아버지 등 선대왕들과 왕비들의 영혼은 종묘에 모셔져 정기적인 제사를 받는데, 왕을 낳은 나의 어머니는 잊힌 존재입니다. 다시 한번 말합니다. 나를 낳아 준 어머니의 아들, 나는 왕입니다.

왕위에 오른 영조가 왕실의 예규범집 『국조오례의』를 분석해 재해석합니다. 예의 규범이 만들어지던 당시엔 규범대로 행해졌지만 세월이 흐르면 변수가 생기고 예에 대한 해석은 해석하려고 하는 이에 의해 활용됩니다. 영조는 어머니 무덤의 격을 올리고, 어머니를 모시는 사당을 지어 숙빈묘라 칭하고, 20년 후엔 '상서로움을 기른다'는 의미의 육상이라는 건물의 이름을 올리며, 다시 10년 후엔 육상궁으로 승격하고 200여 차례 방문했다고 합니다. 영조가 후궁 생모에 대한 제를 올리며 효를 실천하자 흩어져 있던 후궁 생모를 모신 사당이 육상궁 곁으로 옮겨 와 대우를 받습니다.

추존왕 원종(인조 아버지)의 어머니이며 선조의 후궁 인빈 김씨를 모신 저경궁, 경종의 어머니이며 드라마의 단골 소재인 희빈 장씨를 모신 대빈궁, 추존왕 진종의 어머니이며 영조의 후궁인 정빈 이씨를 모신 연호궁, 장조로 추존된 사도세자의 어머니인 영조의 후궁인 영빈 이씨를 모신 선희궁, 순조의 어머니이며 정조의 후궁인 수빈 박씨를 모신 경우궁, 영친왕의 어머니이며 고종의 후궁인 엄씨를 모신 덕안궁. 이 여섯에 숙빈 최씨를 모신 육상궁이 더해져 칠궁이 됩니다.

칠궁은 청와대 서편 담장을 경계로 자리해 보안 문제로 자유 관람이 불가하고 청와대 관람 방문객에게만 관람이 허용되었는데, 2018년부터 사전에 예약하면 시간에 맞춰 관람이 가능합니다.

화려하지도 않고, 인물도 생소해 아이들에겐 좀 어려운 주제인 칠궁의 가치는 무엇일까요?

조선은 유교 원리에 입각해 효를 중시하던 국가입니다. 죽은 조상에 대해 제를 지내며 극진히 모시는 사람들이 산 어른들에게 함부로 대할 리는 없었을 것입니다. 노인이 되어서도 대우를 받을 수 있다는 보장이 있다면 젊어서의 희생은 더 자발적일 수 있습니다. 칠궁은 어른을 공경하는 모습을 보여 주는 교육적인 면도 있었을 것입니다.

어른에 대한 공경은 사회 질서를 유지하는 체계였고, 칠궁 같은 보여 주는 장치가 없는 지금은 공적인 노인 복지가 그 자리를 메꿔 준다고 생각됩니다.

5

강화도 전등사 그리고 조선왕조실록

전등사가 어디에 있는지 아시는지요? 직업으로 역사여행 프로그램을 만들고 직접 인솔하며 전국을 다닌 저 또한 전등사를 최근에 가 봤습니다.

전등사는 강화도에 있습니다. 강화도는 역사의 섬이라는 말을 붙여 홍보합니다. 그만큼 역사적 볼거리가 많다는 말이지요. 단군 이야기부터 시작해 변혁기마다 굵직한 사건들이 강화도를 배경으로 발생되곤 해 강화도를 역사의 섬으로 만들어 놓았습니다.

강화도의 전등사 또한 신라에 불교를 전했다는 아도화상의 이름을 얹어 이른 시기의 사찰이었음을 내세우고, 여타 사찰과는 다른 특징이 있어 강화도가 역사의 섬으로 자리하는 데 한몫합니다.

전등사에 들어가려면 성문을 통과해야 합니다. 산성 안에 절이 있는 셈이지요. 절이 먼저 자리했으니, 절을 감싸고 성을 만들었다는 표현이 더 맞겠네요. 그 성이 조선말 프랑스 침입인 병인양요를 승리로 이끈 양헌수 장군 이야기가 있는 정족산성이고, 정족산성의 이전 이름은 『고려사』에도 등장하는 삼랑성입니다. '석 삼(三)'에 '사나이 랑(郞)', 단군의 세 아들이 쌓았다고 전해집니다. 이는 강화도의 마니산 전설과 함께 살펴보아야 합니다.

강화도 마니산 참성단에서 단군이 하늘에 제를 올렸다는 이야기는 전국체전 성화의 발원지로 이어집니다. 몽골 침입 때 왕실을 강화도로 옮겨 와 권력을 이으려 했던 이들은 정당성이 있어야 합니다. '강화는 우리 민족의 시원이 있는 곳'이라는 전설을 만들 필요로 참성단과 삼랑성이 단군과 그 아들과 관련이 있다는 이야기가 생겨났을 수도 있습니다.

전등사에서 단군 이야기부터 시작해 불교 역사, 고구려-백제 경쟁, 몽골 침략 강화 천도, 병인양요 양헌수 이야기와 더불어 꼭 한 가지를 덧붙입니다.

정족산성 동문

전등사엔 조선시대 사고(史庫)가 있었습니다. 500년 조선 역사를 기록한 『조선왕조실록』이 보관되었던 곳이지요. 조선시대 역사를 기록한 사고는 처음엔 한양과 지방의 도시 네 곳에 보관하다가 임진왜란 때 훼손된 경험이 있어 산속 깊은 곳에 보관합니다. 그중 한 곳이 정족산이고, 그 품에 안긴 전등사이며, 전등사 뒤편 언덕 장서각입니다.

우리가 안방에서 조선시대의 급박하게 돌아갔던 현장을 티브이 드라마로 볼 수 있는 것은 바로 역사 기록이 남아 있기 때문입니다. 한데 사극을 보며 조선의 역사를 말할 때는 자랑스러움보다는 '그러니 나라가 망했지.'라며 비난이 더 많은 게 사실입니다. 그런 비난을 받을 줄 알면서 왜 그리도 철저히 기록으로 남겼을까요?

조선시대 왕 옆에는 온종일 두 명의 신하가 붙어 일거수일투족을 기록합니다. 그 기록은 왕의 사후, 다른 국가 자료와 함께 역사 기록으로 정리됩니다. 그리고 아무도 볼 수 없이 그냥 역사 창고에 보관됩니다. 왕이 못 보는데 신하인들 감히 근접했을 리 만무하고 일반 백성들이야 말할 필요가 없지요. 그런데 지금은 안방에서 드라마로도 재현되어 볼 수 있고, 더 놀라운 사실은 일반 국민이라도 인터넷을 통해 쉽게 열람 가능합니다. 당시엔 아무도 못 봤을 기록을 후손을 위해 기록하고 남겨 둔 것입니다. 부끄러운 일에 대해 감추지 않으면 비난받을 줄 알면서도요.

학창 시절 저는 역사 과목을 좋아했습니다. 중학교 국사 선생님이었습니다. 조선의 망한 원인을 강조했던 말투가 제 머릿속에 남아 있습니다.

"조선은 망했다. 조선이 망한 원인은 크게 네 가지를 들 수 있다. 첫째 쇄국 정책, 둘째 반상 제도, 셋째 성리학, 넷째는 당파 싸움. 그래서 조선은 망했다."

역사 스토리텔링을 하면서 지금에야 생각이 듭니다. 조선의 망한 원인을 중학생에게 강조했던 역사 공부는 일제강점기 일제가 조선을 먹으려고 펼친 식민사관의 잔재였다고요. 망할 수밖에 없는 이유를 들어 일제가 다스려야 한다는 필요를 각인시키려 했겠지요.

조선은 500여 년을 이어 온 단일 왕조 국가입니다. 조선이 망하듯 그즈음 다른 나라 또한 망했겠지요. 조선이 존재하던 시기, 여타 나라의 흥망에서 보면 조선처럼 한 왕조가 500년을 이어 온 나라는 없습니다.

조선이 500년을 이어 온 힘은 무엇이었을까 한 번쯤 생각해 보면 어떨까 싶습니다. 전등사에 보관되었을 『조선왕조실록』 같은 철저한 역사 기록에서 그 이유를 찾고 싶습니다. 후손이 나를 바라보고 있다는 역사의식, 그리고 역사에 기록될 자기 이름의 값을 두려워했겠지요.

불교 사찰인 전등사에는 유교 숭상 국가의 기록물인 『조선왕조실록』이 보관되어 있었습니다. 물론 실록은 지금 다 옮겨지고 폐허가 된 곳을 다시 세운 건물이 대신합니다만, 그 자리엔 조선이 500년 동안 유지될 수 있었던 힘이 있습니다.

6

강진 병영과 조선시대 병영

남도 답사 1번지라 불리는 강진에는 병영면이라는 '면' 단위 행정 구역이 있습니다. 지금이야 작은 농촌 행정 단위이지만, 조선시대만 해도 그 이름만으로도 힘이 느껴지는 곳이었지요.

경기, 충청, 경상, 전라, 강원, 황해, 함경, 평안도가 모여 8도가 됩니다. 각 도엔 중앙에서 파견한 관찰사를 두었고, 관찰사가 근무하던 곳이 감영입니다. 병영 할 때의 그 '영' 자입니다.

하나 더 예를 들면, 임진왜란 때 이순신 장군의 직책이 '전라좌수사'였지요. 전라좌수사가 근무한 곳이 전라좌수영, 수영입니다. 후에 이순신 장군은 전라도, 충청도, 경상도 수군을 아우르는 삼도수군통제사가 되지요. 삼도수군통제사가 근무하는 곳이 삼도수군통제영입니다. 줄여서 '통영'이지요. 지금 경상도 통영도 병영처럼 '영' 자 돌림이지요? 수영, 통영, 병영 끝에 붙어 있는 '영' 자는 군대 주둔지를 말합니다.

수군, 지금의 해군이 머문 곳은 수영, 육군이 머문 곳은 바로 병영입니다. 조선시대 병영은 총 16개가 있었습니다. 각 도에 병영이 1개 또는 2개 있었고, 함경도엔 3개가 있었습니다. 1개 있는 곳은 관찰사가 병마절도사를 겸하고 2개 있는 곳은 한 곳은 관찰사가, 다른 한 곳은 병영의 수장인 병마절도사가 있게 됩니다. 전주에 있었을 전라도 관찰사가 종2품이고, 강진 병영에 있던 병마절도사 역시 종2품입니다. 종2품이면 지금의 장관급입니다.

　『세종실록지리지』 기록에 따르면, 조선 전기 병영에는 정군 498명, 수성군 51명, 조역군 163명, 장인 141명이 소속돼 있었다고 합니다. 병영성 안에 필요한 인원이 약 800명, 상시 근무했다는 겁니다.

　강진 병영성은 단순히 군사 업무만 관장했던 것은 아니고 인근 57개 마을의 행정까지 직접 관할했습니다. 많은 마을을 관장하고 대규모의 군대가 주둔하니 물품이 필요하고 그 물품을 공급하는 상인들의 활동이 많아지겠지요.

　장사 수완 하면 "북에는 개성상인, 남에는 병영상인"이라는 말이 구전으로 전해 옵니다. 1980년대까지만 해도 전남 지역 5일장에선 "병영상인이 없으면 장이 서지 않는다."라고들 했다고 합니다.

　병영상인은 개성상인과 더불어 한국을 대표하는 상인이었습니다. 조선시대엔 1417년 병영성이 축조되고 군수용품과 생필품의 수요에 물자를 조달하는 역할을 했을 것입니다. 병영성이 갑오경장, 그러니까 1895년에 폐영이 되는데, 이때 이 지역 상인들이 전국 각 지역으로 진출해 상권을 장악하고 심지어는 1930년대엔 만주까지 무명과 베를 팔러 다녔다고 합니다.

강진병영성 진남루

병영에서 하나 더 인물 이야기를 하려고 합니다.

병영성을 둘러보러 주차장에 주차를 하게 되면 이국적인 풍차와 함께 기념관 그리고 낯선 동상이 있습니다. 바로 하멜입니다. 하멜의 동상이 왜 병영성 앞에 있을까요?

하멜은 네덜란드 무역 회사인 동인도 회사의 직원입니다. 하멜 일행은 1653년 7월에 대만을 떠나 일본 나가사키로 항해하던 중 풍랑을 만나 60여 명의 일행 중 36명만이 살아서 제주 바다에 표류되었습니다.

하멜 일행은 한양, 강진, 여수 등지에 13년 동안 살았습니다. 이곳 강진 병영에서는 7년을 지냈습니다. 그러다가 여수를 거쳐 일본으로 탈출해 네덜란드로 되돌아갈 수 있었습니다.

되돌아가서 조선에 억류된 13년간의 밀린 임금을 청구한 보고서
가 『하멜표류기』입니다. 1668년 『하멜표류기』가 출판되자 동양의
조선이란 나라에서 하멜 일행이 경험한 이야기에 신비와 재미를
느껴 인기를 끌었고, 이는 이후 프랑스, 독일, 영국 등에서 번역판
이 발간될 정도로 유럽인들의 관심을 불러일으켰다고 합니다.

네덜란드로 돌아간 하멜은 62세까지 평생 독신으로 삽니다. 소
설을 꾸며 봅니다. 20대에 조선에 들어와 13년을 살면서 결혼을
해 가정을 꾸렸고, 그 여인을 못 잊어 네덜란드에서 독신으로 살았
다는 뭐 그런 이야기요. 해설하다 보면 재미난 얘깃거리가 하나씩
있어야 하거든요.

그가 돌아가고 350여 년이 흐른 지금, 우리나라 제주와 여수, 이
곳 강진에도 이렇게 기념관이 조성되어 있습니다. 그리고 현대 사
람들이 만들어 놓은 기념관 외에도 아직까지 하멜의 흔적은 문화
가 되어 남아 있기도 합니다.

병영성에서 300m쯤 떨어진 다리인 홍교에는 석장승이 있는데,
특히 오른쪽의 장승은 이국적인 풍모를 지니고 있습니다. 병영면
의 돌담 쌓는 모습이 우리 전통 모양과는 다른 지그재그식 쌓기입
니다. 네덜란드 방식이라고 합니다.

우리가 역사여행을 떠나는 이유는 시간을 거슬러 공간에서 인
간의 이야기를 보기 위해서입니다. 복원 중인 병영성에 서서 한반

도를 넘어 만주까지 영역을 넓혔던 병영상인의 모습을 그려 보고, 350년 전의 하멜은 무슨 생각을 하며 병영에서 돌담을 쌓는 일을 하였을까 그려 보는 것도 역사여행의 맛이라고 생각됩니다.

7

담양 가사 문학의 터

광주에서 무등산 넘어 담양에 들어서면 이름난 정자가 많습니다. 그렇기에 이 일대를 정자 문화권이라고 그룹 지어 말하기도 하고, 정자에서 시와 노래를 짓고 불렀다고 하여 시가 문화권, 시가 중 특히 가사 문학이 화려하게 꽃을 피웠다고 해서 가사 문화권이라고 표현하기도 합니다. 담양엔 '한국가사문학관'이라고 번듯한 건물도 들어서 있습니다.

먼저, '가사'가 뭘까요? 세종대왕이 훈민정음을 만들기 전까지 우리는 말과 글이 달랐습니다. 아버지라고 말은 하면서도, 아버지라고 쓸 수는 없었지요. 대신 '父(부)'라고 한자로 썼습니다. 우리말과는 다른 한자 한 글자, 한 글자가 모여 시가 되고 문장이 되지요. 한문은 글자 수가 압축되는 묘미는 있지만, 우리말을 할 때와 한자음을 읽을 때 서로 소리가 달랐던 것입니다.

길동이 아버지를 아버지라고 부르지 못하는 슬픔이 있었다면,

한글이 실용화되기 전까지 이 나라의 모든 이는 아버지를 아버지라고 쓸 수 없는 아픔이 있었습니다.

입말 따로 글말 따로였으니 우리말을 한문으로 그리고 다시 한문을 우리말로 옮기기가 쉽지 않았겠지요. 그래서 글과 시가는 일부 교육을 받은 식자층만이 향유할 수 있는 고급문화로 이어졌을 뿐입니다.

우리 생각을 한시에 집어넣으려면, 한자라는 틀을 통과해야 하니 쓰기도 어렵거니와 이해하기도 어렵겠지요. 한자로 쓴 시를 벗어나 우리 생각을 우리 입말로 그대로 표현하고 싶었을 것입니다.

동짓달 기나긴 밤 한 허리를 베어 내어
춘풍 이불 아래 서리서리 넣었다가
어른님 오시는 밤이거든 구비구비 펴리라

황진이의 시조입니다. 우리말로 생각을 참 잘 나타냈습니다. 3글자·4글자 반복되며 우리말의 음률도 살아납니다. 한데, 세 줄로 끝내려 하니 쌓인 감정을 다 못 나타내는 것입니다. 그래서 네 줄, 다섯 줄, 반복해서 하고 싶은 말을 쭉 이어 갑니다. 그렇게 우리가 말하는 '가사'라는 장르가 생겨나지 않았을까 생각됩니다. 이런 가사를 통해 우리말을 가장 잘 풀어 쓴 이가 송강 정철이며, 그가 지어 남긴 「사미인곡」, 「속미인곡」, 「관동별곡」은 가사의 백미라 일컫습니다. 가사 문화권의 답사 코스는 바로 송강 정철의 발자취를 돌아보는 코스이기도 합니다.

송강 정철은 소위 잘나가던 집안의 '금수저'였습니다. 누나 둘은 왕족과 혼인을 해 어려서는 궁궐 출입도 잦았다고 하니 최고급 문화를 누렸을 것입니다. 그러다 아홉 살 때 중앙의 정권 교체기에 집안이 역모죄에 연루되어 거의 폐족 수준까지 이릅니다. 가족은 뿔뿔이 흩어지고, 제대로 된 교육을 받지 못하다가, 수년이 지나 역모죄가 사면됩니다.

그리고 열여섯 살에 담양에서 우연히 스승 눈에 띄어 다시 빛을 보게 됩니다. 송강을 발탁한 이가 무등산 환벽당 주인인 사촌 김윤제입니다. 사촌은 나주목사를 끝으로 고향에 돌아와 후학들을 교육하고 있었지요. 나주목사는 지금의 시장 더하기, 경찰서장 더하기, 법원장 더하기, 향토사단장을 더한 것보다도 더 높은 직급이었습니다. 지금의 자치단체장을 훨씬 웃도는 힘이 있었지요.

많은 인물을 접했을 퇴임한 고급 관리는 열여섯 먹은 총기 있는 젊은이를 한눈에 알아보지요. 송강은 열 살 전까지는 궁궐도 출입하면서 나름 법도도 몸에 배어 있었을 것이니 자세 또한 격이 있었을 것입니다.

공부를 시킵니다. 사람들이 사는 사회에서는 수많은 관계가 형성되지만, 가장 끈끈한 인연은 혈연입니다. 학연이나 지연이야 후천적인 것이지만, 혈연은 우리가 선택할 수 있는 것이 아닙니다. 그런데 그 혈연을 억지로 맺는 게 바로 결혼이지요. 결혼을 통해 가족이 되는 것입니다. 사촌은 송강을 외손녀와 결혼시킵니다.

송강은 무등산 아래에서 훌륭한 스승 만나 공부하고 좋은 집안에 장가들어 후원을 제대로 받습니다. 10년을 공부해 진사 시험에 이어 대과에 장원급제로 보답하며 중앙 관직에 진출합니다.

벼슬길에서 승승장구하다가 정권 주도권 싸움에 밀리면 담양으로 내려왔습니다. 열여섯부터 10년을 담양에 머물렀으니, 우리로 치면 중고등학교와 대학교 시절을 이곳에서 보낸 것입니다. 흉금을 털어 내며 말할 수 있는 동창생들이 바로 여기에 있으니 휴양을 위해서도, 재기를 준비하는 차원에서도 최고의 적지였을 것입니다.

그런데 송강은 말년에 정여립 사건으로 비롯된 기축사화 처리 담당자가 되어 반대파 세력을 제거합니다. 이때 많은 호남 선비가 목숨을 잃게 됩니다. 호남에서 자랐는데, 호남 세력을 탄압했으니 그 배신감은 더 컸을 것입니다. 그래서 정철에게 핍박받았던 이 지역의 한 집안은 정철 후손과는 아직도 결혼을 안 한다고 하니, 400여 년이 지났어도 그 여파가 남아 있는 셈이지요.

송강이 스승 겸 처할아버지인 사촌을 만났다고 전해지는 곳이 환벽당 아래의 용소라고 불리는 개울이고, 환벽당에서 송강은 공부를 했습니다. 환벽당엔 송강의 학창 시절이 담겨 있고, 가사 「성산별곡」의 주제와 소재가 되었던 식영정 또한 송강의 숨결이 담겨 있습니다.

환벽당과 식영정을 오가는 길은 광주댐이 생기고, 콘크리트 다리가 놓이고, 길은 자동차가 점유해 버려 송강이 살던 시절과는 다른 풍경이지만, 그래도 무등산 언저리 가사 문화권의 꽃들은 송강이 공부하던 시절이나 지금이나 때맞춰 피고 집니다. 그 또한 지금의 우리처럼 이맘때는 어디가 좋은지 정보를 주고받으며 세월이 지나감을 느꼈을 겁니다.

　역사여행은 자연의 변화를 보면서 옛사람의 발자취를 더듬어 보고 그가 살았던 삶을 느껴 보는 시간 여행입니다. 환벽당, 식영정 등 가사 문화권에서 송강의 발자취를 따라 걸어 보며 난 어떻게 살 것인가를 생각해 본다면 역사여행의 맛은 배가 될 겁니다.

8

전주 객사 풍패지관

양옥과 한옥, 양복과 한복, 양과와 한과, 양의사와 한의사.
집이었고, 옷이었고, 과자였고, 그냥 의사였는데, 서양 문물이 막
들어오던 때 새로 들어온 것들 이름 앞에 '양(洋)'을 붙여 우리 것과
구분을 했겠지요. 그러다가 점차 서양 것이 일상화되고, 지금은 오
히려 우리 것 앞에 '한(韓)'을 붙여 구분 지어 말합니다. 처음엔 서
양 것이 낯설었을 것인데, 이제는 한복 입은 사람은 독특한 사람,
한과는 명절 때만 먹는 특별한 과자, 몸이 아프면 의사를 찾고 한
의사는 특별한 치료를 위한 의사가 되어 버렸습니다.

'양'에 밀려 버린 우리의 '한', 그 한을 상징으로 하는 도시가 있습
니다. 바로 전주인데, 전주에서는 도시 이미지를 홍보할 때 '한바탕
전주'라는 브랜드 이름을 사용합니다. '한바탕'의 '한'은 숫자 한 개
에서의 한, '크다'라는 의미로서의 한, 그리고 우리의 상징인 '한(韓)'
의 의미도 품었습니다.

'한'바탕 전주를 찾아갑니다.

전주는 전주와 나주에서 한 글자씩 따와 이름 지어진 전라도의 대표 도시였습니다. 조선시대 지방 행정 구역이 크게 팔도로 나뉘는데, 지방관으로서는 최고의 높은 관직이 관찰사입니다. 전라도 관찰사가 파견된 곳이 전주이지요. 관찰사의 근무지는 없어졌지만, 지금도 객사가 남아 있어 그 위용을 대신합니다.

전주객사는 한자를 쓰지 않으면 '객사'라는 두 글자만 갖고서는 의미가 제대로 전달이 안 됩니다. 객사에서의 객(客)은 손님이고, 사(舍)는 집이니, 손님의 집이라는 말입니다. 관청 안에 있는 손님의 집이라는 의미입니다.

조선시대 객사는 조선의 행정 조직인 부·목·군·현 그리고 수영, 병영의 관아 안에 있었습니다. 낙안읍성, 해미읍성, 나주읍성 등 '○○읍성'이라고 하는 곳에는 모두 객사가 있었지요. 유명한 여수의 진남관이나 통영의 세병관도 객사 건물입니다. 조선시대 객사의 주 기능은 공무를 갖고 출장하는 관리들이 묵어 가는 관급 호텔이었으며, 전주는 전라도의 중심이었으니 5성급 호텔쯤으로 생각해도 되겠지요.

객사에는 호텔 기능 외에 더 큰 기능이 있었으니, 바로 왕권을 상징했습니다. 객사의 모양은 가운데 중앙 건물을 두고 양쪽에 새의 날개처럼 두 개의 건물을 덧붙였습니다. 가운데 건물엔 대궐할 때의 '궐(闕)' 자와 전하 할 때의 '전(殿)' 자를 모셔 두고 임금이 있는 듯 생각했고, 양쪽 날개 건물에서 출장 온 관리들이 쉬어 갔지요. 맨 처음 부임지에 도착한 지방관은 객사에 도착해 인사를 하고, 근무 기간 보름과 그믐 한 달에 두 번 객사에 모셔진 전패와 궐패에 예를 올렸습니다. 객사는 살아 있는 임금의 사당이고, 임금을 상징한다고도 볼 수 있지요.

각 지방 객사마다 정해진 이름이 따로 있어서, 'OO관' 식으로 각 고을의 특성을 살리는 이름을 지어 객사 중앙에 걸어 두었습니다. 전주 객사엔 '풍패지관(豊沛之館)'이라는 한자어 현판이 걸려 있습니다. 전주를 에워싸는 전주성의 남문이 풍남문이고, 서문은 패서문으로 여기에도 풍과 패라는 글자가 들어갑니다.

전주가 즐겨 쓰는 '풍'과 '패'를 이해하기 위해서 중국 한(漢)나라 이야기로 들어갑니다. 한나라는 중국 문화의 기틀이 닦인 시기입니다. 우리가 쓰는 중국 글자가 한문이고, 중국 민족을 한족이라 부릅니다. 그만큼 중국인에게 있어 '한(漢)'은 중국인의 정체성을 상징합니다. 소설『초한지』나 장기판의 초나라, 한나라는 우리에겐 익숙한 이름이지요. 역사에선 초나라의 항우와 한나라의 유방이 싸워 유방이 승리하여 중국을 제패합니다. 한나라를 세운 유방은 중국 풍현 패읍 출신입니다. 풍과 패를 합쳐 풍패라 이름하고, 중국의 기틀인 한나라가 풍패에서 나왔듯 조선을 세운 이성계가 전주이씨이니 전주는 중국 한나라의 풍패 같은 곳이라는 의미로 전주도 풍패를 사용했던 것입니다.

풍패지관이라 이름 붙인 객사 현판은 가로 4m에 높이가 거의 1m 80㎝에 육박합니다. 크기도 크기이지만, 현판의 글씨는 중국

명나라 사신 주지번이라는 사람이 직접 쓴 글씨로 역사여행 이야
기가 더해집니다.

  명나라 사신 주지번은 명나라 황태손이 태어났음을 알리러 온
사신 일행의 대표입니다. 그가 왔을 때 조선의 임금 선조가 직접
교외에 나가서 영접했다고 합니다. 임진왜란이 끝나고 전쟁 때 구
원병을 보내 준 명나라에 대한 은혜가 깊었기에 그랬을 수도 있지
만, 임금이 직접 나가서 사신을 영접했다는 것은 주지번이 나름 직
급도 있었다는 말이겠지요.

  주지번은 벼슬에 들기 전 청년 시절에 조선 선비의 도움을 받았
습니다. 그 조선 선비는 익산 출신의 표옹 송영구라고 합니다. 송
영구는 1593년 임진왜란 중 정철과 함께 명나라 사신으로 간 적이
있었습니다. 명나라의 숙박지에서 묵고 있는데, 허드렛일하는 젊은
이가 꽤 어려운 책을 읽고 있는 것을 보게 됩니다. 사연을 물으니
남쪽 지방에서 과거를 보러 왔다가 돈이 다 떨어져 일하면서 공부
한다고 했습니다. 총기가 있어 보여 답안지 쓰는 요령을 가르쳐 주
고, 측은해 보여 용돈도 쥐어 주며 열심히 공부해 과거에 합격하라
고 응원해 주었습니다.

  지금 공무원 시험은 영어를 비롯한 국어와 한국사, 법규 등 주로
암기 시험이지만, 조선시대엔 중국 고전과 역사를 머릿속에 달달
꿰차고 있어야 교양인이고 벼슬길에 들 수 있었습니다. 실제로 한
자나 한문 원리는 중국인보다 조선의 선비가 더 잘 아는 경우도

있었지요. 지금도 실용 영어 문법책은 외국어로 접한 일본인이나 우리가 원어민보다 더 잘 씁니다. 원어민들이 습관처럼 하는 말들을 규칙을 적용해 이해하기 때문이지요. 이런 핵심을 조선 선비는 원어민 중국 청년에게 가르쳐 주었을 것입니다.

어렵던 시절, 조선 선비의 도움을 받았던 주지번은 과거에 합격했고 명나라 사신이 되어 조선을 찾았습니다. 도움을 줬던 선비가 퇴직해 고향에 있음을 확인하고 익산까지 내려오게 되었습니다. 내려오던 중 전주객사에 들러 기념으로 남긴 글씨가 전주객사에 걸려 있는 '풍패지관'입니다. 정말로 주지번이 와서 쓴 것인지는 아직 밝혀진 바가 없습니다만, 글씨는 명나라 사신으로 온 주지번이 쓴 것은 확실합니다. 사실은 주지번이 사신으로 머문 기간이 10일이라고 하니 익산까지 오기는 어려웠을 것이나, 사람 입에서 입으로 더해지면서 더 극적으로 만들어진 것이겠지요.

어쨌든 전주객사의 현판 규모도 놀랍지만 그 현판 글씨 속에 들어 있는 사람의 이야기를 듣고 있노라면 답사의 맛이 살아납니다.

답사는 세 개의 간(間)을 꿰어 맞춰야 완성이 됩니다. 공간에서 시간을 넘어서는 인간의 이야기로요.

9

진주성과 임진왜란

　　아이들과 역사여행길에 오르면 아이들이 흔히 접하는 사
례를 역사 사실들과 결부시켜 설명합니다.

　"우린 5학년이지? 지금 5학년 2학기인데 1학기와 2학기 사이엔
뭐가 있었지? 그래, 방학. 여름 방학이 있었지. 어떤 기간을 둘로
혹은 몇 개로 나눌 때는 그 사이에 기준점이 있어야 할 거야. 방
학으로 1학기와 2학기를 나누는 것처럼, 조선시대도 500년이 넘
는 기간을 조선 전기와 후기 둘로 나눌 때 가운데 나누는 기준점
이 있어. 조선이 잘나가고 있었는데, 나라에 큰 시련이 닥치지. 바
로 임진왜란이야. 임진왜란 앞을 조선 전기, 그 뒤를 조선 후기라
고 해."

　임진왜란과 관련된 유적지를 갈 때는 이런 말로 해설을 시작합니
다. 이어 관련 유적지 중 어디를 가느냐에 따라 약간 다르지만, 보
통은 임진왜란의 3대첩을 언급합니다.

대첩은 싸워서 크게 이긴 전쟁을 말하는데, 임진왜란의 3대첩으로론 통영 앞바다에서 왜 수군의 기를 완전 꺾은 한산도대첩, 경상도를 넘어 전라도를 진격하려는 왜군을 육지에서 꺾은 진주대첩, 그리고 한양 수복의 전기를 이룬 행주대첩을 듭니다. 오늘은 3대첩 격전지 중 한 곳인 진주로 떠나 봅니다.

경상도에서 전라도를 넘어오는 대표적인 관문인 진주를 흐르는 남강을 해자 삼아 방어벽을 만든 진주성에서는 임진왜란 기간 크게 두 번의 싸움이 있었습니다. 진주대첩이라는 이름을 넘어서 '진주혈전'이라고까지 표현하는 치열한 싸움이었습니다. 구분 편의상 1차, 2차로 나누어 설명됩니다.

제1차 진주성전투는 임진왜란이 발발한 해인 1592년 10월, 3만의 왜군부대가 침입해 왔으나, 김시민 장군을 위시한 진주 관군 3천 8백 명이 왜군을 물리쳐 육지 관군이 최초로 승리하게 됩니다. 안타깝게도 김시민 장군은 적 탄환에 맞아 진주성전투 승리 후 투병 과정에서 세상을 떠납니다. 진주성 북문인 공북문에 들어서면 충무공 김시민 장군의 동상이 서 있습니다(충무공 하면 이순신 장군이 떠오르는데, 우리나라에서 충무공이란 시호를 받은 이는 총 9명이나 됩니다).

제2차 진주성전투는 1차 패배의 복수로 10만 대군이 다음 해인 1593년 6월에 진주성을 침입해 왔으나, 호남 의병들의 결사 항전으로 왜군은 승리는 했지만 진격을 멈추게 됩니다. 김천일, 최경회, 고종후, 황진 등 교과서엔 안 나오는 이름이라 생소할지도 모르겠습니다만, 호남 의병을 대표하는 이들이지요. 김시민 장군과 더불어 호남 의병들은 진주성 안의 창렬사에 모셔져 있습니다. 그리고 익히 들어서 잘 알고 있을 이름인 논개의 이야기가 진주성에 있습니다.

진주성의 정문격인 촉석문을 들어서면 거대한 2층 누각인 촉석루가 보입니다. 성안의 남쪽 지휘소 역할을 하는 남장대로 기능했고, 평상시엔 연회 장소로 쓰였으며, 과거시험장으로까지 활용되었다고 하니 규모가 꽤 큰 건물입니다.

촉석루는 '우거질 촉(矗)'에 '돌 석(石)'입니다. 남강을 앞에 두고 우뚝 솟아오른 촉석루에 오릅니다. 안내 설명글에 《CNN》에서 지정한 한국에서 반드시 봐야 할 볼거리라고 언급되어 있는데, 그런 자랑을 떠나서도 다른 누각에선 볼 수 없는 느낌이 있습니다. 강변에 있기에 더 그러한 듯합니다.

촉석루 앞 강가에 내려오면 의암(義巖)이라고 불리는 바위가 있습니다. 사람 10명 정도는 설 수 있는 넓이인데, 강 안에 섬처럼 떠 있는 바위입니다. 임란 전에는 위험한 바위란 의미로 '위암(危巖)'이라고 불리다 논개의 충절을 기리면서 '의암'이라 불리게 되었다고 합니다.

진주성 의암

　논개 이야기는 기록보다는 구전이 더 생생합니다. 논개는 주 씨 양반의 딸이었는데 아버지가 돌아가시자 삼촌이 어머니와 논개를 부잣집에 팔아 버립니다. 이를 알고 도망을 갔는데 돈을 주고 산 사람이 관아에 신고했고, 관아에서는 사정을 듣고 논개 모녀를 풀어 주게 하지요. 한데 갈 데가 없어요. 그래서 당시 사또 부인이 병들어 있었는데 수발을 들게 했고, 사또 부인이 죽자 대신 사또 부인으로 들어왔다는 이야기입니다. 그 사또가 화순 출신 최경회 장군입니다.

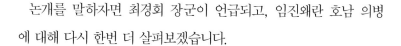

논개를 말하자면 최경회 장군이 언급되고, 임진왜란 호남 의병에 대해 다시 한번 더 살펴보겠습니다.

1592년 임진왜란이 일어나 20일 만에 한양을 빼앗기고, 임금은 국경 끝 의주까지 피난 갑니다. 전라도 경상도 등지에서 의병이 일어나고, 고경명으로 대표되는 호남 의병들은 충청도와 전라도의 관문인 금산 싸움에서 전사합니다. 이에 대한 복수로 이듬해 1593년 김천일, 고경명의 아들인 고종후, 최경회 등이 경상도와 전라도의 관문인 진주성으로 향합니다.

항전하지만 10만 왜군 세력에 결국엔 진주성에서 패하고 이때 최경회를 비롯한 장수들은 살아서의 치욕보다는 죽음을 선택하여 남강에 투신합니다.

왜장들은 승리를 축하하기 위해 진주성 촉석루에서 잔치를 벌이는데, 논개는 최경회의 원수를 갚기 위해 기생으로 위장하여 참석하고, 열 손가락 마디마디에 가락지를 끼고 술에 취한 왜장을 껴안고 남강에 떨어져 적장과 함께 죽었다는 이야기입니다. 떨어져 죽은 바위가 의암이고, 200여 년이 지난 훗날 의암 옆에 사당인 의기사를 세워 나라에서 제사를 지냈다고 합니다.

구전은 논개의 출신부터 구체적으로 언급되어 있지만, 기록은 미미합니다. 논개에 대한 기록은 임진왜란이 끝나고 광해군 때인 1621년, 유몽인이 쓴 『어우야담』이라는 책에 전해집니다. "계사년에 기병한 의병이 싸우다가 성은 함락되고 백성은 모두 죽었다. 그리고 진주 관기 논개가 왜장을 안고 바위에서 뛰어내렸다."라는 짧은 기록이 보이고, 이후 정약용이 쓴 기록에도 논개의 죽음에 대한 이야기가 보입니다. '일명의 아녀자가 그러할진대 관군과 사대부는 무얼 했는가?'라는 투로 당시 지식인을 질타하는 목적으로 인용됩니다.

그리고 이곳 진주성에서 가을이면 '진주남강유등축제'가 펼쳐집니다. 유등은 물에 흘러가는 등을 말하며, 임진왜란 진주성 싸움 당시 성의 안과 밖을 연결하는 통신 수단으로도 사용했다고 하니 오랜 역사를 갖고 있는 셈이지요. 불 밝히는 등 축제이기에 밤에 장관을 이루겠지만, 낮 동안도 밤 축제에 사용되었던 조영물들이 인상적입니다.

낮이든 밤이든 진주성을 이리저리 돌아보면서 임진왜란과 정유재란 그리고 논개와 의병의 흔적을 돌아본다면 의미 깊은 여행이 될 것입니다.

10

영광 내산서원

　　지역 이름 앞에 그 지역을 상징하는 별칭을 붙이기도 하고, 별칭 자체가 그 지역 이름이 되기도 합니다. 전라도에 옥당골이라고 불리는 곳이 있습니다. 바로 영광군입니다. '영광 옥당골'을 검색하면 영광에 소재하는 갖은 상호와 단체가 보입니다. 영광이 아닌 곳에서 옥당골 상호를 쓰는 곳은 주인이 영광과 관련되었을 거라 보면 됩니다.

　영광을 왜 옥당골이라고 했고, 옥당은 뭘까요?

　옥당은 '구슬 옥(玉)'에 '집 당(堂)'으로, 조선시대 홍문관을 말합니다. 그럼 홍문관은 뭘까요? 조선시대 과거시험에 합격한 엘리트들이 정승이 되려면 거처야 하는 필수 코스에는 '삼사(세 관청)'가 있습니다. 사헌부, 사간원, 홍문관인데요. 사헌부는 관리 감찰 비리를 처벌하고, 사간원은 왕이 내린 정책이나 고관들의 언행을 비판하는 일을 하며, 홍문관은 임금이 바른 판단을 내릴 수 있도록 자료를 제공하고 임금과 함께 공부하는 관청입니다. 삼사 중 임금과 가장 많은 시간을 보내는 기관이 홍문관입니다. 홍문관엔 종종 왕이 직접 찾아와 묻기도 했으니, 홍문관 관리는 최고 권력자인 왕에게 인정받을 기회도 많았겠지요. 그런 옥당이 영광의 이름에 붙어 있습니다. 영광이 그만큼 중요한 지역이었다는 뜻입니다.

영광은 고려시대부터 세금으로 걷히는 곡식을 보관하는 창고가 있었습니다. 조선시대엔 그 역할이 더 커져 인근 28개 고을의 세곡을 모으고 운반하게 되는데, 그것을 총괄하는 이가 영광 사또입니다. 물산이 풍부하니 사람이 많아지고, 사람이 많아지니 거래가 많고 자연 거둬들일 것이 많았겠지요. 그래서 고을 수령은 능력 더하기 청렴을 필요로 해 적어도 홍문관, 그러니까 옥당의 품격이 있는 이가 부임해야 한다고 해서 '옥당 고을'이라고 불리게 되었답니다. 그리고 옥당골 영광에서 임기를 마치면, 진짜로 옥당이나 아니면 다른 중요 직책을 맡아 영전하게 되었고요.

역사여행으로 영광을 오면 종교 이야기를 빼놓을 수가 없습니다. 법성포는 이름 그대로 백제 때 불교가 맨 처음 전래되었다고 전해지는 곳이고, 기독교 순교 유적이 있으며, 우리나라 4대 종교 중 하나인 원불교의 탄생지이기도 합니다. 그리고 저는 역사여행을 하면 유교 서원을 덧붙입니다. 영광엔 내산서원이 있습니다.
서원은 조선 중기부터 생겼던 것으로, 현재의 사립 대학에 비교

되는 고등 교육 기관인데, 교육 기능과 더불어 롤 모델로 삼는 분을 모시는 공간도 따로 존재합니다. 향교에서 공자의 위패를 모시는 것처럼요. 내산서원엔 '강항'이라는 분을 모시고 있습니다. 조용필이 드라마 주제곡으로 불렀던 〈간양록〉이라는 노래의 주인공이며, '간양록'은 강항이 쓴 책 제목입니다. 우리에겐 좀 생소한 이름이지만, 일본 유학사에 있어 아주 중요한 사람입니다.

일본 오오즈시(大洲) 시민회관 앞에 강항의 비가 세워져 있으며, 비에는 '일본 성리학의 아버지'라고 쓰어 있습니다. 더불어 이 지역에서 사용하는 초등 교과서에서도 반쪽 분량으로 강항을 소개하고 있고요.

임진왜란, 정확히 말하면 두 번째 침입인 정유재란 때였습니다. 도요토미는 임진년에 전라도를 차지하지 못한 게 한이었습니다. 전라도 총공격 명령으로 일본군들은 전라도를 유린합니다. 그리고 기술자들과 지식인들을 포로로 끌고 갑니다.

이때 벼슬길에서 잠시 물러나 고향 영광에 머물던 강항은 군량미를 모아 남원성으로 전달하려 했으나 성이 함락되어 이루지 못하고, 영광 앞바다에서 포로로 잡힙니다.

일본으로 끌려가 처음 머문 곳이 오오즈시였습니다. 탈출을 시도하다 실패하고 다시 교토로 끌려가, 그곳에서 '후지와라 세이카'라는 승려를 만납니다. 당시 일본의 권력자였던 무사들은 글을 몰

랐고, 사회 지식층은 승려들이었습니다. 승려들은 불교뿐 아니라 다양한 학문을 연구했고, 그런 학구파 승려에게 성리학자인 강항은 새로운 세계를 접하는 창구였던 것이죠. 강항의 학문적 깊이에 감동한 후지와라는 승복을 벗고 강항의 제자가 되어 성리학자로 거듭납니다. 두 사람의 필담 대화록은 일본 교토의 덴리대학교에 보관되어 있습니다.

도요토미 히데요시의 죽음 후 패권을 장악한 도쿠가와 이에야스가 전쟁의 시대를 마감하고 평화의 시대에 사회 안정을 위해 성리학에서 말하는 인간의 상하 관계 질서를 정치 이념으로 받아들이게 됩니다. 여기에 강항에게서 성리학을 배운 후지와라가 있는 것이죠.

전국시대를 마감하고 일본의 칼날은 조선을 향했지만, 조선은 칼이 아닌 붓으로 일본을 움직인 셈이지요. 그 주인공이 옥당골 영광에 모셔져 있습니다.

11
—

아산 이충무공유적

     역사여행은 주제를 정해 놓고 행선지를 결정하는 경우도 있습니다. 조선 전후기 분기점인 임진왜란이 주제라면, 전라도와 경상도 곳곳에 산재한 이순신 장군의 흔적들이 역사여행 탐방 코스가 됩니다. 통영, 남해, 여수, 순천의 동쪽 지역이나 해남, 진도 등의 서쪽 지역을 도는 코스로 대부분 경상도와 전라도 바닷가이지요. 바닷가가 아닌 이순신 장군을 찾아가는 곳으로는 바로 오늘 소개할 충남 아산에 장군의 유허가 있습니다.

  아산을 향하는 버스에서 이런 말로 얘기를 시작합니다.

"사람은 몸과 정신으로 이뤄져 있습니다. 죽으면 정신과 몸이 분리되고, 몸은 여기에 남아 있지만 정신은 흩어지지요. 정신을 기리는 방법으로 이름을 적은 위패를 만들거나 모습 그대로 그림을 그려 사당에 모십니다. 그리고 정신이 빠져나간 몸은 묘에 모셔지고요."

이순신 장군의 정신을 모신 사당은 전국 곳곳에 산재해 있습니다. 반면 몸이 모셔진 묘는 딱 한 곳, 아산에 있습니다. 이순신 장군을 뵈러 아산을 찾아가면 장군의 정신과 몸을 모두 만날 수 있습니다.

몸이 모셔진 묘를 찾아갑니다. 공식 명칭은 '이충무공묘'입니다. 충무공은 돌아가신 후 나라에서 내린 시호이지요. '충'과 '무'는 무인에게는 최고의 칭호입니다.

이충무공묘는 이순신 장군이 돌아가시던 때의 마지막인 삼도수군통제영이었던 고금도에 모셔졌다가 다음 해인 1599년 2월, 중국 출신 당대 최고의 풍수가가 선정한 아산의 금성산에 모셔졌고, 그로부터 16년 뒤 그곳에서 약 1㎞ 떨어진 현재의 자리로 옮겨집니다. 16년 만의 이장에서 이충무공은 전쟁 때 돌아가시지 않았다는 은둔설이 호사가들의 입에서 만들어지고, 이는 다시 왜군의 총에 맞은 게 의도적 자살일 수도 있다는 이야기로 번집니다.

백성들은 왕을 불신하고, 왕은 위기를 이겨낸 무장들을 경계했고, 이를 잘 알고 있는 이순신은 본인과 집안을 지키기 위해 스스로 물러섰다는 것이지요. 그런데 해설을 위해 이순신을 공부해 보면 이순신은 정면 돌파 스타일이지 이런 계략으로 물러서지 않았을 것이라는 생각이 듭니다.

묘소를 참배하고 이어 정신이 모셔진 사당 현충사를 찾아갑니다. 사당을 품고 있는 곳엔 이순신이 처가로 장가들어 살았다는 고택과 기념관이 자리합니다. 고택 앞엔 이순신 장군이 마셨을 샘물도 있고, 활터도 있으니 이순신 장군이 직접 걷던 길을 나도 걷고 있는 셈입니다. 그리고 기념관엔 난중일기 원본이며 과거시험 합격증, 임진왜란 중 조정에 보고서로 올린 장계, 충무공 편지글 등 국보들이 즐비하며, 장군이 걸어 두고 정신 수양을 했던 큰 칼도 전시되어 있으니 꼭 둘러보길 권합니다.

제가 역사여행을 다니면서 수많은 사당에 가 봤지만, 사당과 부대시설이 차지하는 면적으로 봤을 때 현충사는 크기가 으뜸입니다. 1960년대에 군인 출신 대통령이 군인 정신으로 국가 재건을 표방하며 현충사를 넓고 웅장하게 꾸며 놓았습니다. 그로 인해 이순신의 유허가 독재 정권의 작품이라며 거부하는 사람들도 보게 됩니다.

그러나 아산 현충사는 조선 숙종 때 유생들의 건의로 세워진 것입니다. 그때 임금의 현판 글씨가 내려졌습니다. 정조 임금은 이순신 마니아로 이충무공전서를 편찬케 했습니다. 현충사는 흥선대원군의 서원철폐령 때 없어졌다가, 일제강점기에 사당의 제사 비용을 충당하는 땅이 경매에 넘어갔다는 소식에 전 국민 모금 운동이 벌어졌습니다. 예정된 금액을 훨씬 웃도는 성금이 모였고, 1932년에 일본군을 무찔렀던 이순신 장군의 사당 현충사가 재건축됩니다. 그때 조선시대 임금인 숙종이 썼던 현충사(顯忠祠) 한자 현판을 달았습니다.

한자로 현충사 현판을 달고 있는 옛 현충사는 아래쪽에 밀려나 동선상 비켜나 있고, 1960년대 이후 재확장 과정 중 세워진 성대한 사당은 중심처럼 자리하고 당시 대통령이 직접 쓴 현충사 한글 현판이 걸려 있습니다. 두 개의 현판이 필요하냐는 논쟁과 더군다나 독재한 대통령의 글씨가 충무공에 가당키나 하느냐는 항변이 있습니다.

전 개인적으로 그렇습니다. 옛 현충사도, 지금의 현충사도 역사입니다. 역사는 때론 부끄러운 면도 있지만, 그 부끄러운 면을 보면서 지금 여기에서 미래를 계획하며 가치관을 정립하기도 합니다. 생각하며 보아야 하고, 공부하면서 보아야 합니다.

이순신 장군은 임진왜란 당시 일본군과 싸워 나라를 지켜 냈고, 장군의 죽음과 함께 7년간의 지루한 전쟁은 끝납니다. 장군은 일본군과 싸웠고, 일본군에 의해 생을 마감하지요.

수백 년이 세월이 흐르고 장군을 모신 사당엔 일본군 장교 출신이 쓴 현판이 걸려 있습니다. 사당 안의 영정은 친일파 화가가 그렸고요. 역사는 이렇게 계속 흘러가고 이것이 우린 계속 공부를 해야 하는 이유이지요.

그래서 한글 현판을 어떻게 하면 좋을까요? 여러분은 어떻게 했으면 좋겠는가요?

12
—

순천왜성

임진왜란 하면 이순신이 제일 먼저 떠오르고, 임진왜란과 이순신이 주제인 역사여행은 전라도만 한 곳이 없습니다. 그런데 광주에서 출발하며 가까운 전라도로 가자고 하면 모집이 잘 안 됩니다. 가까이 있는 익숙함 때문이지요. 그래서 임진왜란 주제로 떠나는 역사여행은 간혹 충남 아산을 가기도 하지만, 대부분 경상도로 향합니다. 진주, 통영, 남해를 주로 돌고, 돌아오는 길에 순천왜성을 끼워 넣습니다.

순천왜성? 좀 생소하지요. 순천에 있는 일본식으로 쌓은 성입니다.

1592년 임진왜란 당시, 혼란했던 전국을 통일한 도요토미가 명나라를 치겠으니 조선은 길을 비켜 달라는 명분으로 부산으로 침략했습니다. 단숨에 한양을 넘어 한반도 전체를 점령했습니다. 조선의 임금인 선조는 조선의 북쪽 땅끝 중국 경계까지 피난을 갔었고, 조선을 제후국으로 여기던 명나라가 구원군을 보냅니다. 물론

자국의 필요에 의해서였겠지요. 이에 일본이 후퇴하고, 명나라와 일본이 강화 협상을 합니다. 전쟁이 소강상태로 잔잔해지는가 싶더니 협상은 결렬되고, 일본이 다시 침입합니다.

1597년 정유재란, 정유년에 다시 침략한 일본군은 전라도 지역을 집중적으로 유린합니다. 지난 임진년 때는 전라도를 놓쳤기에 전쟁이 실패했다며 전라도를 치고 올라갑니다. 올라가면서 후방 진지 구축으로 남해안에 30여 개의 일본식 성을 쌓습니다. 그중 전라도에 남아 있는 유일한 일본식 성이 바로 순천왜성입니다. 거의 흔적만 남아 있던 것을 순천시에서 정비하여 다시 윤곽을 잡아 쌓아 놓았습니다.

명나라 종군 화가가 전쟁 기록으로 그린 「정왜기공도(征倭紀功圖)」라는 이름의 그림이 있어 그 모습을 일부 재현할 수 있었습니다. 최근 재정비된 왜성은 당시 모습 그대로는 아니지만, 성 출입문의 숫자와 2.5㎞의 전체 길이, 그리고 뱃길을 이용해 성과 연결지었다는 특징은 살펴볼 수 있습니다.

일본 본토에 있는 오사카성처럼 해자를 둘러 물길로 방어를 했을 것으로 보입니다. 그 위에 다시 높이 솟아 있는 성채, 천수각이 있었을 것으로 생각되는 곳에 흙과 돌로 단을 쌓아 높게 만들어 두었습니다. 지금은 성 앞이 매립되어 도로가 되었지만, 당시엔 바다였고 성 둘레를 파내어 바닷물을 해자 삼아 놓았을 것입니다.

순천왜성

기존에 보아 왔던 읍성이나 여타 성과는 다른 느낌의 왜성입니다. 임진왜란 당시 온전했을 성문이며 천수각의 기단들은 인근 조선인들이 쌓았겠지요. 말도 통하지 않았고, 형태도 달랐으니 그 노동의 강도는 배가 되었을 것입니다. 왜성 축조를 목격하고 기록으로 남긴 일본 종군 승려는 "지옥이 있으면 이런 모습이었을 것이다."라는 말로 그 처절함을 표현합니다.

순천왜성에는 임진왜란을 다룬 드라마에 자주 등장하는 일본 장수 '고니시 유키나가(소서행장)'가 있었습니다. '가토 기요마사(가등청정)'와 함께 조선 침략의 선봉장이었지요. 그가 후방 기지로 삼은 본부가 순천왜성이었습니다.

임진왜란과 정유재란의 7년 전쟁은 도요토미가 갑자기 죽으면서 끝을 향합니다. 일본군 철수 명령이 있었고, 경상도 쪽에 머물던 왜군들은 그대로 빠져나가지만, 순천왜성에 머물던 고니시를 비롯한 일본군은 갇히게 됩니다. 조선과 명나라 연합군을 지휘하던 명나라 장수는 군이 빠져나가려는 왜군을 공격해 자기 편의 젊은이들을 위험으로 내몰 생각이 없었습니다. 그래서 일본군의 퇴로를 열어 주려 하지만, 이순신 장군이 단 한 명도 보내 줄 수 없다면 길을 막습니다. 이때 왜군은 경상도 사천 쪽에 연락이 닿아 고니시를 구하러 출동하고, 고니시가 구원병들의 도움으로 열린 틈으로 도망갈 때, 이순신이 출격합니다.

그 싸움이 바로 노량해전으로, 잘 알다시피 이순신 장군 최후의 싸움이면서 7년 전쟁의 마침표가 되지요.

순천왜성 옆에는 이순신 장군을 모신 충무사가 있습니다. 한번은 교육답사 시절, 순천왜성을 먼저 보고 충무사를 간 적이 있었는데, 그곳 관계자에게 꾸중을 들었습니다. 충무사에 먼저 인사드리고 왜성을 가야지, 왜성 먼저 보고 충무사에 오느냐고 말입니다.

답사길에도 순서가 있었습니다.

13
—

수원화성

　　역사 교과서에 '조선 사회의 새로운 움직임'이라는 대주제
아래 '영조·정조 시기의 사회 발전'이라는 단원이 있습니다. 영조와
정조 시기를 함께 묶어 한 단원을 이루며 설명 글과 함께 수원화
성과 성을 쌓았을 때의 도구들이 삽화로 들어가 있습니다. 제가
진행하는 시대순 역사여행도 각 시기의 유적지를 찾아 공부하기에
영·정조 시기는 수원화성을 찾게 됩니다.

　수원화성은 이름대로 수원에 있습니다. 지금의 수원은 정조 임
금 때 계획적으로 세워진 신도시입니다. 정조 임금 이전 시기의 수
원은 지금의 화성시이며, 정조가 한양 외곽에 있던 아버지의 무덤
을 원래의 수원으로 옮기면서 인근에 살던 사람들에게 새로운 터
전으로 닦아 준 곳이 지금의 수원화성을 품고 있는 수원시입니다.
왕실 무덤 인근엔 사람이 살 수 없으니까요.

　뒤주에 갇혀 죽은 차기 왕권이 예약되었던 세자, 그의 아들인 정

조, 세자의 아버지이자 정조의 할아버지인 영조, 세자의 부인인 혜경궁 홍씨 등의 가계도를 머릿속에 그려 보며 출발합니다.

영조는 마흔이 넘어 어렵게 얻은 세자를 뒤주에 갇혀 죽게 합니다. 기록으론 뒤주에 갇혀 죽은 세자를 정신병자로 몰기도 하지만, 정권 싸움 또한 이유 중 하나입니다. 조선은 신권과 왕권의 대결과 조화로 유지된 왕국입니다. 왕은 때론 신하들의 파벌을 이용해 권력을 강화하기도 했지만, 신하들 또한 왕을 이용해 반대파를 숙청하기도 했습니다. 영조 앞 대의 경종을 지지하는 파벌과 영조를 지지하는 세력들, 영조 다음에 왕권을 거머쥘 세자를 지지하는 당파들의 힘겨루기에서 희생의 이유를 찾기도 하지요.

정조는 열한 살 때 스물여덟인 아버지를 잃었고, 스물다섯이 되어 조선 22대 왕위에 오릅니다. 아버지의 무덤을 격상하고 다시 명당으로 옮기는 과정을 통해 아버지의 명예 회복과 아들인 자신의 정당성을 세우려 합니다. 동시에 왕권 강화의 일환으로 한양이 아닌 새로운 곳에 자신이 직접 기른 젊은 신하 정약용에게 신도시 성곽 계획안을 세우게 합니다. 좌의정이 공사 총책임자가 되어 튼튼한 성을 건설합니다. 10년의 계획은 대폭 단축되어 2년 9개월 만에 마무리되는데, 이 성이 곧 수원화성입니다. 공사 기간의 단축은 정약용이 고안한 다양한 장비도 한몫했고, 국가 건설 사업에 의무적으로 동원되던 관례를 깨고 인부들에게 품삯을 챙겨 준 것을 이

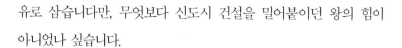

유로 삼습니다만, 무엇보다 신도시 건설을 밀어붙이던 왕의 힘이
아니었나 싶습니다.

　수원화성을 가면 먼저 화성행궁을 찾습니다. 행궁은 글자 그대
로 '옮겨 온 궁궐'로, 왕이 한양 궁성을 떠나 성묘나 휴양 또는 피
난 시에 머물기 위한 곳입니다. 화성행궁은 화성 안에 있는 임금을
위한 임시 궁궐이었고, 스물여덟에 홀로 되어 환갑을 맞은 왕의 어
머니 혜경궁 홍씨를 위한 잔치가 벌어진 곳입니다. 한양이 아닌 곳
에서 벌어진 왕가의 축하 행사, 그중에서도 회갑 잔치를 위한 대규
모 이동 대열은 지금도 화성행차라는 이름으로 수원화성축제의
하이라이트로 펼쳐집니다. 행궁 중심 건물인 봉수당에서 차려진
회갑잔칫상과 축하 공연 또한 재현됩니다. 지금으로부터 200여 년
이 훌쩍 넘었지만 그 당시 모습 그대로요.

　조선은 기록의 국가입니다. 국가의 주요한 행사는 행사 보고서
인 의궤라는 이름으로 전해집니다. 화성과 관련된 의궤는 크게 두
종류가 있는데, 하나는 임금의 행차와 회갑 잔치를 정리한 『원행을
묘정리의궤』이고 또 하나는 화성 건설의 전 과정을 기록한 『화성성
역의궤』입니다.
　수원화성은 1997년에 등록된 유네스코 세계문화유산으로, 등록
심사 때 현대에 재축조된 시설물이기에 세계유산에 부합되지 않는
다는 판정을 받았습니다. 불가 판정을 뒤엎는 데 사용된 근거가

의궤입니다. 정조 당시 성을 쌓는 동안의 계획과 비용, 인부들의 작업 일수와 품삯까지도 세세하게 기록되어 있습니다. 이는 일제강점기와 한국전쟁 때 파괴되어 복원된 시설임에도 200년 전 모습 그대로임을 보여 주는 증거가 되는 것입니다.

화성은 성곽 둘레 길이만도 5.6㎞입니다. 전체를 돌기 어렵다면 화성 전체가 보이는 서장대에 올라 보고 시계 방향 길 따라 장안문까지 걷고, 성곽에서 내려와 장안문을 통과해 보길 권합니다. 장안문은 한양의 남대문보다 더 큰 규모이며 정조가 황금 군복을 입고 자신감을 보이며 들어섰던 문입니다. 그리고 수원화성에서 꼭 하나 놓치지 말아야 할 것이 행궁 앞에서 펼쳐지는 무예 24기 시범 공연입니다.

정조는 열한 살 때 아버지를 잃고, 영조의 명으로 양아버지의 아들로 올려지며 친아버지는 잊힌 존재가 됩니다. 그렇지만 아버지의 기억이 잊힐 리야 있겠습니까. 아버지를 죽음에 이르게 한 원인을 밝히고 그 무리들에게 복수를 행하리란 인간적 감정 또한 있었겠지요. 왕이 되고 나서는 바로 복수가 아닌 힘을 기르기 위한 준비를 합니다. 문(文)으로는 규장각을 만들어 정약용 같은 똑똑한 젊은이들을 직접 육성하였고, 무(武)로는 장용영을 만들어 친위 호위무사들을 양성합니다. 장용영 병사들의 무예가 바로 수원화성에서 펼쳐지는 시범 공연입니다.

수원화성은 1997년에 세계문화유산으로 등재되었고, 2017년엔 정조 때 간행된『무예도보통지』가 북한 측의 요청으로 세계기록유산으로 등재되었습니다. 『무예도보통지』는 정조의 아버지인 사도세자가 간행한『무예신보』에 정조가 내용을 덧붙여 만든 무예서로, 장용영 병사들의 무예 또한 그 책이 바탕이 되었을 것입니다.

수원화성 장용영 무예시범

정조의 친위 부대인 장용영. 어머니의 회갑 잔치를 명분으로 내세운 8일간의 수원 행차 기간에 펼쳐진 장용영의 무예 시범과 신무기 소개는 정조의 힘을 표현하는 방식이었습니다. 조선 최고 부대였던 장용영은 1800년에 정조가 승하하자 기능을 잃고 결국 해제되고 맙니다. 그리고 19세기 조선은 일본, 청나라와 서구 열강의 침략에 당하고 결국엔 나라까지 잃게 됩니다.

혼란했던 19세기의 시작은 정조의 죽음으로부터 비롯되었습니다. 그래서 정조의 갑작스러운 죽음이 더 안타깝습니다.

"조선의 백성들은 선대왕의 백성으로 살았던 것을 자랑
스러워했다."

정조가 죽고 난 후 쓰인 『조선왕조실록』의 「정조실록」에 쓰인 글
입니다.

14
—

강진 다산초당

　　남도 답사 일번지 강진. 1990년대 말에 발간된 답사기의 열풍에 힘입어 남도가 답사 여행지로 환영받았고, 그중 강진은 책에서 제목으로 삼은 '답사일번지'라는 이름으로 답사객의 발걸음을 불러왔습니다.

　강진의 세 가지 보배는 강진청자, 푸른 하늘 그리고 정약용을 말합니다. 정약용은 강진 사람은 아니었지만, 18년의 유배 기간을 강진에 머물렀습니다.

　유배 18년. 18년의 길이를 설명합니다.

　"아들이 초등학교 1학년 들어갔어요. 아빠는 사업차 미국으로 갔습니다. 그 아들이 초등학교 졸업하고, 중학교 들어가서 졸업하고, 다시 고등학교 들어가서 졸업하기까지 12년이 지나도 아빠는 미국에 있어요. 아들이 대학에 들어가고, 졸업하기까지가 16년입니다. 직장에 들어가서도 2년이 지나면 그 기간이 18년이죠."

한양에서 잘나가던 높은 관직의 인물이 시골 마을, 그것도 죗값으로 유배를 왔을 때 그를 맞이하는 사람들의 시선은 어땠을까요? 사람들이 피합니다. 그런데 주막의 노파가 거처를 마련해 줍니다. 거처야 마련했다 해도 정작 정약용 본인의 패배감은 어떠했을까요? 상실감이나 허무로 세월을 보낼 때 주막의 주모가 정약용이 머물던 방으로 붓, 먹, 종이 한 뭉치를 건넵니다. 학식깨나 있는 양반이 그렇게 허송세월 보내면 되겠느냐고 말입니다.

이때 정약용이 책을 만들어 엮습니다. 아이들 교육 지도서로요. 1801년 11월에 유배 왔고, 1802년 10월부터 아이들을 제자로 받아 가르쳤다고 합니다. 1년간은 그냥 세월을 보낸 듯하고, 그 허송세월을 깨우쳐 준 이가 이름 없는 주모였습니다.

정약용은 과거시험에 합격한 사람입니다. 그리고 정조 임금이 집중해서 기른 초계문신 중의 하나입니다. 초계문신은 정조가 직접 개인 지도한 젊은 신하들입니다. 지금이야 국가 최고 권력자의 학문이 최고일 수는 없지만, 조선시대 왕은 왕자 때부터 조선 최고의 개인 과외로 탄탄한 실력을 갖춘 실력자였습니다. 정조 임금 같은 경우는 신하들을 제압할 정도의 실력이 있었고요. 그가 직접 젊은 신하들을 뽑아 지도합니다. 그 문하에서 나온 인물이 정약용입니다.

정약용은 궁궐에서 최고급 학문을 익힌 사람입니다. 그가 강진에 왔으니 강진에는 축복인 셈이죠. 우리 지역에 논술 지도자나 학

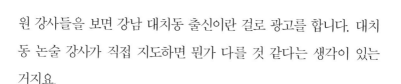

원 강사들을 보면 강남 대치동 출신이란 걸로 광고를 합니다. 대치
동 논술 강사가 직접 지도하면 뭔가 다를 것 같다는 생각이 있는
거지요.

1801년에 유배 와서 주막에 머물다 제자 집 등을 거쳐 8년만인
1808년에 다산초당으로 옮겨 가고, 유배 생활 중 후반기를 다산초
당에서 머무릅니다. 다산초당은 윤씨 집안의 산정인데, 거기에서
집안 아이들 공부 봐 달라는 주문을 받은 것입니다. 그 윤씨 집안
이 정약용의 외가 집안이었기 때문입니다. 그리고 해남에는 윤씨
외가 본가가 있고, 거기엔 많은 책이 있었으며 정약용의 저술은 그
곳의 영향을 받았다고 합니다.

정약용이 남긴 책이 182책 503권, 한 권 한 권 쌓았을 때 그 높
이가 2m 83㎝라고 합니다. 앉아 저술하며 연구에 몰두하느라 복
숭아뼈가 세 번 드러났다고 하고, 앉아 작업할 수 없으니 천정에
줄을 매달아 책상을 만들어 일어서서 글을 썼다고도 합니다. 왜
이런 정성을 들이고 책을 만들었을까요?

현실을 목도한 겁니다. 유명한 작품으로 「애절양」이라는 시가 있
습니다. 애절양은 양기(성기)를 잘라 버림을 애통해한다는 시인데
요. 조선 말이 되면 세도 정치로 나라 꼴이 말이 아닙니다. 외척
가문이 전권을 쥐고 벼슬도 사고파는 시대, 벼슬을 샀던 사람들은
그것도 일종의 투자이니 투자금을 회수하려고 백성들을 쥐어짜 갖
은 명목으로 세금을 거둬들입니다.

전정, 군정, 환곡을 삼정이라고 하여 삼정의 문란이라는 말로 표현되지요. 그중 군정은 군대 갈 대상자에게 걷는 세금인데, 이미 죽은 사람에게도 세금을 내게 하고, 갓 태어난 아이에게도 세금이 부과되니, 그 원통함에 자기의 성기를 잘라 분함을 표하는 것이지요. 그러한 일반 백성들의 삶을 직접 보면서 바른 정치는 무엇인가 고민하며 책을 썼을 겁니다.

목민관 자리, 그러니까 마을 사또 자리는 함부로 구하지 말라고 합니다. 사또 자리는 그로 인해 영향을 미치는 사람이 많기 때문입니다. 그리고 "나라는 가난해서 망하는 게 아니고, 부패해서 망한다."라는 말이 다산의 글로 전해져 옵니다. 200년 전의 말이지만 오래도록 경구로 삼아야 할 말이지요.

다산초당을 유배자의 초막으로 생각해 방문했다가 기와집인 걸 보고 의아해하는 사람들이 있습니다. 다산초당의 기와집은 1957년대에 다산을 공부하는 사람들이 다산을 기리며 새로 지은 것입니다.

다산초당에 정약용이 직접 새긴 글씨가 있는데, '정석'이라고 뒤편 언덕 바위에 새겨져 있습니다. 바른 자세가 느껴지는 글씨입니다.

전라남도 공무원교육원은 현재 광주광역시에 있습니다. 교육원 건물을 해당 광역 자치 단체 안으로 옮기려 계획했고, 전남도 내 몇 개 기초 자치 단체에서 유치하려고 했는데, 최종적으로 다산초당 소재지인 강진 도암면으로 결정되었고 현재 준비 중입니다.

공무원교육원은 공직자의 기본 소양과 업무 관련 교육을 하는 곳이니, 다산이 유배 와 18년을 살았고 공직자의 지침서인『목민심서』라는 책을 저술한 곳이니 교육원 입지로 선택된 것이었겠지요.

　다산의 말을 배워 실천하는 공직자들의 배움의 터전이 되길 기원합니다.

15

운현궁의 결정

　　여러 이익 집단과 수많은 개인이 모인 국가에는 많은 일이 있고, 최대한의 공리를 생각하며 국가 정책의 좌표를 설정할 때 마지막에는 한 사람의 결정이 필요합니다. 지금 우리가 살고 있는 나라, 대한민국의 최종 결정권자는 누구일까요? 흔히 '청와대의 생각'이니 '청와대의 결정'으로 표현되는 바로 대통령이라는 자리이지요.

　　시간을 돌려 150년 전으로 거슬러 올라갑니다. 당시 국정 최고 결정권자는 누구였을까요? 조선시대이니 당연 왕이 아니었을까요?

　　1863년, 조선의 26대 왕 고종이 12살에 왕위에 오르고, 그의 아버지가 정치 전면에 포진합니다. 바로 흥선대원군입니다. 왕자가 아닌 이가 왕위에 오르면 그 아버지는 '대원군'의 교지를 받게 되므로 고종의 아버지는 흥선군에서 흥선대원군이 됩니다.

　　조선시대에는 대원군이 총 4명이 있었는데, 셋은 사후에 받은 호칭이고, 흥선대원군은 살아서 대원군의 칭호를 받아 실제 대원군

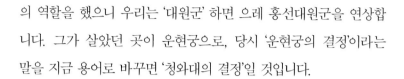

의 역할을 했으니 우리는 '대원군' 하면 으레 홍선대원군을 연상합니다. 그가 살았던 곳이 운현궁으로, 당시 '운현궁의 결정'이라는 말을 지금 용어로 바꾸면 '청와대의 결정'일 것입니다.

운현궁에 쓰인 '궁'은 원래 궁궐에 붙은 용어이지만, 왕의 아들이 아닌데도 왕이 된 이가 왕위에 오르기 전까지 살았던 집도 '○○궁' 이라고 부릅니다. 고종이 임금이 되기 전, 12살까지 살았던 집이 운현궁으로 승격되었고, 운현궁에는 왕의 부모님인 홍선대원군 부부가 거주합니다. 조선은 나이 어린 왕이 즉위하면 어린 왕을 대신해 궁궐 내 최고 여자 어른이 대신 정치를 하는 구조이지만, 왕의 아버지 대원군이 생존해 있었고, 홍선대원군은 권력에 대한 의지와 개혁의 구상도 있어 직접 정치 전면에 나서게 되니 '운현궁의 생각과 결정'은 조선의 국정 지표가 됩니다.

운현궁은 고종이 즉위하면서 규모가 커집니다. 출입문만도 네 곳이 있었다고 하나, 지금은 사랑채 역할을 했던 노안당, 'ㅁ' 자 형태의 안채로 고종의 혼례를 올렸던 노락당, 또 다른 안채로 사용했던 이로당 등 몇 개의 건물만 남아 있습니다. 사랑채인 노안당에는 홍선대원군이 난을 치고 있는 모습을, 다른 건물 곳곳엔 당시 역사를 알려 주는 모습들을 재현해 놓았습니다.

당시 운현궁에서는 무슨 생각을 하고 어떤 결정을 했을까요?

식민지 개척에 열을 올리는 서구 열강들과 일본 청나라 틈에서 정치하는 이들은 자기 배만을 채우고, 외척들은 허수아비 왕을 세워 놓고 자기 집단의 이익만을 탐하는 때입니다.

운현궁은 일단 바람 앞의 등불을 지키려 바람을 막았습니다. 그것도 철저히 말입니다. 청나라가 외세에 무너지는 모습을 보았고, 유교 문화와는 다른 이질 문화의 폐해를 예상했기에 국가 체계 유지를 위해 외세를 막았습니다. 이를 쇄국정책이라고 하지요.

그리고 왕실의 권위를 높이려 했습니다. 조선의 건국과 함께 세워졌던 경복궁은 임진왜란 때 불에 타 270년간 폐허로 남겨졌으나, 흥선대원군은 조선 왕실의 재기를 꿈꾸며 경복궁을 다시 세웁니다. 왕권 강화의 목적도 있지만, 건설 경기를 일으켜 노동과 돈이 돌아가게 하려 했을 것입니다.

또한, 양반 집단의 특권을 줄이고 국가 재정을 충당하기 위해 양반들에게 세금을 징수하는 호포제를 실시하였고, 서원철폐를 단행합니다. 조선 말 서원은 선현을 모시고 인재를 양성하던 순기능은 뒤로하고, 붕당을 짓고 같은 파벌의 이익만을 추구하며 세금을 피하는 수단이 됩니다. 눈에 보이는 폐해를 이전 정권에서 손보려 했지만 번번이 좌절했고, 드디어 흥선대원군의 추진력에 힘입어 천여 개의 서원을 47개만 남기고 정리합니다. 양반들의 특권을 하나둘 없애 가는 운현궁의 결정에 여기저기서 불만의 소리가 들렸지만, 흥선대원군은 백성의 이익에 반하는 것이라면 공자가 다시 살아난다 해도 용서하지 않겠다는 초강경 태세를 취합니다. 저는 이

부분을 해설할 때면 나름 시원함을 느끼는데, 당시 일반 백성들의 마음 또한 그러했을 것입니다.

당연해 보이는 개혁이라도 기득권을 없애는 일은 쉽지 않습니다. 홍선대원군이 지금 대한민국에 온다면 어떤 개혁의 칼날을 휘두를 까요? 권력과 재산으로 사람 위에 군림하는 무리들과 서민의 등을 쳐서 부를 축적하는 부류들, 국가 재정을 눈먼 돈이라며 허투루 써 버리는 무리들에게 칼을 내려치지 않을까요?

운현궁의 권력은 고종의 나이 22살에 거두어지고, 이후 외세와 내란의 과정에서 대원군이 잠깐 다시 전면에 등장하기도 하지만, 상황은 그리 녹록지 않았습니다.

이후 조선은 대한제국으로 포장하고 자주권을 외쳐 보지만, 한반 도 최단기 존재 역사 13년을 기록하고 나라는 일본의 손에 들어가 며, 다시 35년이 지나 일본의 패망에도 결국엔 남북이 분단됩니다.

남과 북은 대결 구도를 접고 서로의 무기를 걷어 내려 노력하기 도 합니다만, 그때도 지금도 외세의 영향에서 자유롭지 못하고, 기 득권자들은 이에 드러내 놓고 불만을 말합니다. 당시의 기득권층 이 일부 외척과 양반 세력이었다면 지금은 곳곳의 모든 집단이 기 득권층이 되어 조그만 이권이라도 뺏기지 않으려 하고, 오직 자기 이익만을 탐하고 있습니다.

역사여행은 이전의 역사를 바탕으로 지금 내가 어떻게 살아야 하는 것을 생각하는 공부입니다. 미래를 위해서요.

16

강화도와 외침

역사여행은 지식 충전을 위한 자기만족의 목적도 있지만, 아이들과 동행하는 부모님들은 학습의 연장선에서 영어나 수학 학원에 보내는 것처럼 역사 공부를 더 잘하게 하기 위해 떠나기도 합니다. 공부를 위한 여행이라….

석기, 청동기, 삼한, 삼국시대 지나 통일신라, 고려, 조선시대를 넘어오는 동안 가장 헷갈리는 대목, 그래서 공부가 힘들어지는 대목이 있습니다. 역사 공부 지도를 해 보면 병인양요부터 시작된 내외 사건들에서 아이들은 가장 지치고 힘들어합니다.

그 부분을 직접 보여 줄 수 있는 곳은 어디일까요? 동학농민운동을 보여 주는 정읍이나 서울의 운현궁부터 시작하는 인사동 코스, 아니면 강화도가 이런저런 사건으로 꼬인 조선 말기 어려운 역사 공부의 현장이 됩니다.

역사 공부를 하면서 가장 헷갈리는 대목 중 하나인 병인양요, 신미양요, 강화도조약의 현장인 강화도로 떠나겠습니다.

강화도는 섬입니다. 우리나라 3천여 개의 섬 중, 가장 큰 섬이 제주도이고 강화도는 거제도, 진도에 이어 네 번째로 큰 섬입니다. 원래는 남해가 네 번째였다고 하는데 간척 사업을 통해 섬의 면적이 넓어졌다고 합니다.

강화도를 말할 때 앞에 붙이는 수식어가 있습니다. '역사의 섬, 강화도'. 그만큼 역사적인 요소가 많다는 것이겠지요. 강화도엔 우리나라에서 가장 잘생긴 고인돌이 있습니다. 고인돌에 '잘생겼다'라는 말을 붙여도 될지 모르겠지만, 남도 쪽 고인돌은 대부분 커다란 바위 덩어리만 보이는 반면 북쪽으로 갈수록 탁자 모양처럼 다리가 있고 그 위에 거대한 바위가 올려져 있습니다. 강화 부근리 고인돌입니다. 우리가 고인돌 하면 머릿속에 그려지는 형상이지요. 세계유산으로 지정된 고인돌은 화순과 고창 그리고 강화도의 고인돌이 함께 등록되어 있습니다.

강화도는 삼국시대 땐 고구려와 백제의 경계 지역으로 주인이 뒤바뀌는 전쟁이 있었던 곳입니다. 고려시대엔 40년간 임시 도읍지였고, 조선 또한 청나라 침입 때 왕이 옮겨 가려 했습니다. 이후 서구 열강들이 조선의 문호를 열기 위해 강화도를 통해 들어옵니다. 그때의 사건들이 병인양요니, 신미양요니 하는 이름으로 불립니다.

병인양요는 1866년에 프랑스가 프랑스 신부와 천주교 신자들의 처형을 빌미로 강화도에 침입한 사건이고, 신미양요는 1871년에 미국이 자국 상선인 제너럴셔먼호를 불태운 책임을 물어 강화도에 침입한 사건이고, 강화도조약은 1876년에 일본이 운요호사건을 빌미로 조선과 맺은 불평등 조약입니다.

프랑스도, 미국도, 일본도 왜 강화도를 통해서 들어왔을까요? 강화도를 가려면 서울에서 한강을 따라가게 됩니다. 도로 오른편의 강 물줄기 따라 김포를 거쳐 강화도에 들어서지요. 옛적 뱃길은 지금의 고속 도로 역할을 했습니다. 한강의 입구인 강화도에서 배로 조선의 궁성까지 갈 수 있었고, 조선은 그 한강의 입구를 지켜내야 했습니다. 외부 세력들은 그 물길로 들어오려고 했기에 조선 말의 외세와 충돌한 사건들의 배경이 강화도인 것이지요.

강화도에는 해안선을 톱니바퀴 모양으로 두르는 옛 군사 기지가 조성되어 있습니다. 초지진, 덕진진, 광성보, 용두돈대 같은 식으로 진, 보, 돈대로 불리는 군사 시설물들입니다. 총 5개의 진, 7개의 보, 53개의 돈대입니다.

1636년, 청나라가 침입한 병자호란으로 패한 조선의 임금 인조는 삼전도에서 청 황제에게 항복 의식을 치르고, 두 왕자는 청나라에 볼모로 끌려갑니다. 소현세자와 봉림대군입니다. 귀국해 왕위에 오른 봉림대군은 바로 효종 임금입니다. 효종 때 강화도를 요새화합니다. 그래서 진이나 보 등을 소개하는 유적 안내판에 효종 몇 년에 만들어졌다는 설명 글이 많이 보입니다.

강화도와 육지를 연결하는 두 개의 다리인 강화대교와 초지대교 중 아래쪽의 초지대교를 통해 강화도에 들어서고 초지진을 먼저 찾아갑니다. 초지진엔 신미양요와 운요호사건 당시 포탄을 맞은 소나무가 하얀 페인트로 상처를 가리키며 서 있습니다.

이어 인근 광성보를 찾아갑니다. 140년 전 미국이 침입한 사건이 신미양요이지요. 미군 세 명이 목숨을 잃었을 때 우리 조선군은 수장인 어재연 장군을 비롯 350명 전원 목숨을 잃었던 현장입니다. 전쟁이 끝나고 시신으로 남겨진 51명의 신원을 확인할 길이 없어 모으고 다시 흩어져 7개의 무덤으로 남겨져 있는 곳입니다. 광성보 안에는 산책 길이 이어져 있는데, 군데군데 광성돈대, 손돌돈대, 용두돈대라는 시설이 있습니다. 끝쪽의 용두돈대 안에는 민족항전 유적지라는 소개와 함께 70년대 대한민국 대통령의 이름과 『용비어천가』를 부르는 듯한 돌비석이 세워져 있습니다.

토마스 듀버네이라는 미국인 이야기로 해설을 이어갑니다. 미국에서 한국학을 전공해 석사 학위를 받았고, 한국에 들어와 한국의 역사와 문화를 연구하고 있는 분이지요. 한국의 활에 대해 관심이 있었습니다. 병기로서의 활이 언제까지 역할을 했는지 연구하던 중 신미양요를 보게 되었고, 조국인 미국이 승리 기념으로 신미양요 현장인 강화도에서 장수 깃발을 빼앗아 미국 해군사관학교에 보관 중인 것을 알게 됩니다.

강화역사관 내 신미양요 모형과 수자기

'장수 수(帥)' 자가 새겨진 '수자기'이지요. 수자기 반환을 위해 듀버네이 교수는 당시 클린턴 대통령과 후임인 부시 대통령, 그리고 퇴임한 카터 전 대통령에게 여러 차례 장수기 반환을 요청하는 서신을 보내는 등 다방면의 활동을 하게 됩니다. 그것을 시작으로 우리 민간단체와 기관이 함께 힘을 보태 결국엔 반환이 결정되었고, 140년 전에 빼앗긴 수자기가 비행기를 타고 인천공항에 도착해 군 의장대의 사열을 받고 지금은 강화역사박물관에 보관되어 있습니다.

우리 한반도엔 993회의 외침이 있었다고 합니다. 어느 정도까지를 침략으로 규정했는지 그 기준은 알 수 없지만 잦은 외침이 있었던 것은 확실합니다. 대비는 없었을까요?

조선 말기 고종 임금 때 병인양요가 있었고 이어 신미양요 그리고 일본의 운요호사건으로 불평등한 강화도조약이 맺어집니다. '설마 나라가 망할까'라고 생각했을 겁니다. 열강의 군함은 툭하면 서해안에 모습을 드러냈습니다. 조선에서 황제의 나라로 이름을 바꾼 대한제국의 황제는 제대로 된 군함이 갖고 싶었습니다. 1903년 4월에 일본 미쓰이 물산으로부터 군함을 납품받습니다. 고종이 직접 이름을 내립니다. '양무(揚武)호', 즉 무를 높이 날리라는 의미입니다. 그런데 이 배는 원래 영국의 상선이었고, 일본이 이를 25만 원에 사 와 석탄 운반선으로 사용하던 중 대한제국이 군함을 구입한다고 하여 그럴싸하게 군함으로 포장해 55만 원에 대한제국에 판 것입니다. 군함으로 제대로 항해 한번 못 해 보고 러일전쟁 때는 일본에서 빌려 가고, 이후 실습용으로 사용하다 1909년 일본에 4만 원에 되팝니다. 1960년에 싱가포르 인근 해역에서 침몰되었다고 전해지는 대한제국의 첫 군함인 양무호.

임금인 고종이 계약 체결을 위해 직접 일본으로 가지는 않았을 것이고, 제국의 관리는 일행들과 함께 직접 배를 보고 계약을 체결하고 들어왔을 것입니다. 군함 양무호가 들어오고 7년 후, 대한제국은 세계 지도에서 이름이 사라집니다.

100년이 지난 지금, 방위 산업과 관련한 비리들이 언론에 오르내립니다. 우리나라 대한민국이 대한제국의 전철을 밟지 않길 바랄 뿐입니다.

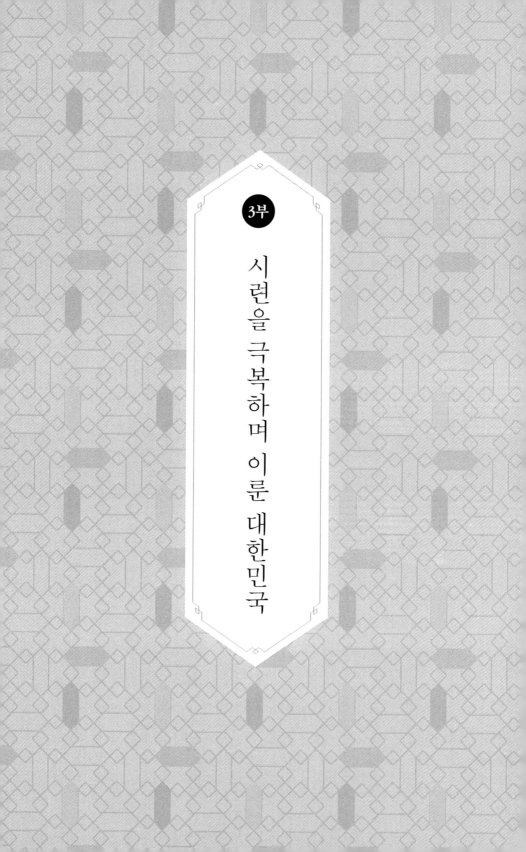

3부

시련을 극복하며 이룬 대한민국

1

동학농민운동

    '사람'을 캐치프레이즈로 내세우며 권력에 항거하는 집단행동을 보였던 역사가 우리의 근대사엔 기록되어 있습니다. 1894년의 동학농민운동이지요. 권력의 폭력에 항거해 민중이 주인임을 보여주는 운동이었고, 반외세 기치를 드는 자주독립운동이었습니다. 역사 단계에서 근대와 현대는 사람이 주인이 되는 민주 사회와 다른 나라의 지배를 받지 않는 독립 국가를 만드는 시기였습니다. 동학농민운동의 정신은 이후 범민중 운동으로 연결되어 3·1 만세운동으로, 현대사의 4·19 혁명과 5·18 광주민주화운동으로 그리고 촛불혁명으로 계승되어 정권을 갈아치우는 '혁명'을 일궈 냈습니다.

    역사적인 사건을 어떻게 이름 짓느냐 하는 것은 어떤 사건을 규명할 때 아주 중요합니다.

    1894년에 일어났던 일련의 민중 항쟁을 어떻게 표현하느냐 하는 것은 지금도 명확하게 정리되어 있지는 않습니다. 양반과 상민간의 질서를 무너뜨리는 반란으로 초창기 '동학란'이라 불리는 오명은 벗어났지만, 주체 세력과 사건의 결과 등 논쟁은 여전히 진행형이며, 각 지역에 있는 기념 공간에 붙은 이름이나 지자체에서 행해지는 기념행사 또한 명칭이 통일되지 않았습니다. 이름 안에 '동학'을 넣을 것인가 아니면 연도인 '갑오'를 넣을 것인가? 농민을 넣을 것인가 말 것인가? 당시처럼 난리인가 운동인가 아니면 혁명인가?

아이들과 학부모를 주로 안내하는 제가 이럴 때 쓰는 방법이 교과서엔 어떻게 개념 지어져 있는가 보는 것입니다. 초등 사회 교과서에서는 동학농민운동으로 명명합니다. 동학농민운동은 1894년 농민이 주축이 된 사회 변혁 운동으로, 동학사상은 변혁 운동의 추진력이 되었고, 동학 조직이 운동에 역할을 했다고 보는 것이지요.

'동학'은 지금 남아 있을까요?

서울 인사동에 가면 천도교중앙대교당이라는 건물이 있습니다. 1921년에 완공되어 지어진 지 100년이 되는 건물입니다. 완공 당시 조선을 대표하는 3대 건물 중 하나였다고 합니다.

그 건물 이름으로 쓰인 천도교가 동학에서 승계된 이름입니다. 3·1 만세운동 당시 민족 대표 33인 중 15명이 천도교 대표단입니다. 지금처럼 교통·통신 수단이 변변치 못했던 시기에 민족 대표는 조직을 맡고 있는 이들이 그 역을 했을 것이고, 국가 권력 기관이 아닌 전국적 조직은 종교 조직이 역할을 대신했겠지요.

천도교의 첫 출발인 동학은 서학(西學)에 반대되는 이름을 사용했지만, 인간을 보는 시각은 당시 봉건 사회 가치 체계를 넘어서는 평등사상을 받아들여 서학의 영향을 받았습니다.

동학의 성격을 규명하는 말 중에 '인내천(人乃天)', 즉 '사람이 곧 하늘이다.'라는 말이 있습니다. '사람'을 가치로 내걸었습니다. 믿어서 천당 갈 게 아니고, 빌어서 극락 갈 게 아니라, 지금 내가 살고 있는 이곳에서 마주 대하는 사람이 하늘이라는 말이지요. 내 앞에 마주 선 네가 하늘이고, 너 또한 나를 하늘로 봐 주는 것입니다. 그러니 하느님이 지금 저기 거리에 걸어 다니며, 여러분은 지금 하느님이 쓴 글을 읽고 있고, 저는 하느님이 읽을 글을 쓰고 있습니다.

동학의 1대 교주가 수운 최제우, 2대가 해월 최시형, 3대가 의암 손병희입니다. 손병희의 사위가 방정환입니다. 어린이 운동으로 알려진 방정환 선생의 어린이를 향한 시선은 동학에서 말하는 '인내천'의 실천이었습니다.

강자가 약자를 다루는 방법에서 폭력이 당연시되던 시절, 특히 여성과 어린이는 폭력의 대상이었습니다. 내 밑의 약자로 인식되던 이들과 내가 동일하다는 사상은 곧 내 위 또한 나와 같다는 평등사상으로 귀결되는 것입니다. 동학은 옳지 않은 세상을 바꿀 수 있다는 사상적 바탕이 되었고, 또한 동학농민운동을 체계적으로 움직이게 하는 조직이 되었습니다.

19세기 말, 조선은 내외적으로 혼돈의 시기였습니다.

1800년에 정조 임금의 갑작스러운 죽음으로 순조는 11세에 즉위하고, 다음 왕위를 이을 세자는 22살에 죽고, 그의 아들 헌종은 할아버지 사후 8살에 왕위에 오르고, 헌종은 20대에 후사 없이 죽고, 뒤를 이은 철종은 강화도에서 농사짓다 어느 날 권좌에 올려집니다. 왕실 외척이 왕권을 능가하며 왕위까지도 결정하는 세상이 되었습니다. 세도 정치라는 용어로 표현되는 시기입니다. 관리를 뽑는 과거는 유명무실해졌고, 매관매직에 조세는 백성 수탈을 위한 합법적인 제도가 되었지요. 사람이 살 수 없는 세상이 된 것입니다.

전국에 탐관오리가 들끓었을 것이고, 전라도 고부(지금은 정읍 안에 있는 작은 면이지만, 조선시대엔 '군')엔 군수 조병갑이 있었습니다. 갖은 명목으로 수탈을 일삼자, 지역 농민들이 집단화되었고, 그 구심점에는 서당 훈장 전봉준이 있었습니다. 전봉준은 동학의 하부 조직 리더이기도 했습니다. 하늘과 같은 사람, 농민들이 들고일어납니다. 고부봉기가 있었고, 관군을 무찌른 황토현전투가 있었으며, 농민들은 전주성을 점령하는 혁명군이 되었습니다.

정부가 취한 조치는 외세를 끌어들이는 것이었습니다. 왕실의 안위를 위해 외세로 자기 백성을 멸하는 권력은 이미 생명을 다했다고 봐야지요. 청나라 군대가 들어오고 일본군이 들어왔으며, 둘이 격돌해 일본이 승리하면서 점차 조선은 일본의 손아귀에 들어갑니다.

동학농민운동은 성공했을까요? 동학농민운동이 사람이 주인인 세상을 지향했다고 봤을 때 그 맥을 이었다고 보는 민주화운동은 성공했을까요?

'민주화 운동이 무엇일까'를 말할 때 이런 비유를 듭니다. 조선시대 고을 사또가 나의 뺨을 때리면 이유 불문하고 바로 죽을죄를 지었다고 용서를 빌어야 하지만, 지금의 시장이 나의 뺨을 친다면 이유 불문하고 난 그를 고발한다고요.

사람으로서 내가 당당할 수 있음은 동학농민운동에서부터 민주화운동까지 100년 동안 흘린 피의 결과이며, 이는 동학농민운동이 그리고 민주화운동이 결코 패배는 아니었다는 것을 보여 주는 사례가 아닐까 생각됩니다.

민주화된 지금 나의 자유는 누군가의 희생에 의해 이룩된 것입니다.

2

군산과 조선의 개항

군산(群山)은 '무리 군(郡)'에 '뫼 산(山)'을 씁니다. 산들이 모여 있는 곳. 지역 명칭이 그곳의 특징을 갖고 이름한다면, 군산은 '산'보다는 '바다'의 이미지가 더 강한데, 항구 도시인 군산이 어떻게 이런 이름을 갖게 되었을까요?

군산 앞바다의 섬을 합쳐 부를 때 '고군산군도(古群山群島)'라고 합니다. 한자어를 풀어 보면 '옛 군산의 여러 섬' 정도가 될 것입니다. 지금 군산이 있기 전에 옛 군산은 바다에 있는 섬들의 모음이었습니다.

우리나라엔 예로부터 외침이 많았다고 합니다. 북쪽으로는 중국 한족을 비롯해 대륙 쪽에서 일어난 여진·거란·몽골이 여러 차례 우리 땅을 넘봤고, 남쪽으로는 일본으로부터의 침입이 많았습니다. 그 방비책으로 군산 앞바다에 있는 섬에 왜구를 방어하는 진을 설치했고, 섬들이 떨어져 있다 보니 왜구들이 큰 집단으로 올 경우 대항이 힘들다고 하여 내륙 지역으로 군사 시설을 옮겨 옵니다. '섬도(島)' 자에 '산(山)'이 보이듯 섬의 특징은 산을 품고 있는 것인데, 여러 섬이 모인 '군산'은 군사 기지의 이전과 함께 내륙으로 그대로 들어와 지역 이름이 된 것입니다. 그리고 예전에 있던 자리는 고군산이라 부릅니다.

군산으로 역사여행을 갑니다. 군산에서 역사여행으로 내세우는 테마는 근대 이야기입니다. 근대 중에서도 일제강점기 수탈의 현장, 당시 지어진 건물이며 철길과 항구 시설물들이 그대로 남아 있습니다. 인근의 건물은 걸어서 둘러볼 정도의 그만그만한 거리에 있으므로 차를 한곳에 두고 돌아봐도 됩니다. 제일 먼저 근대역사관을 찾습니다. 군산의 개항과 함께 우리 역사를 알아볼 수 있도록 최근에 단장된 군산의 근대역사박물관입니다.

박물관을 시작으로 둘러보는 지역이 행정 구역상으론 군산시 장미동 일대입니다. '장미'라는 이름은 꽃을 연상하게 하는데, '저장'에 쓰이는 '감출 장(藏)'과 '쌀 미(米)'를 씁니다. 지금은 '장미갤러리'라는 이름으로 그 기능을 달리하고 있지만, 이름에서 보듯 쌀을 저장했던 창고가 있었던 곳입니다.

지금은 폐허로 남겨진 기찻길은 바닷가까지 이어져 있고, 기찻길이 끝나는 땅과 바다가 연결된 곳에는 '부잔교'라는 유물이 보입니다. 한자 '뜰 부(浮)' 자가 들어간 부잔교는 일명 '뜬다리'라고 불립니다. 밀물과 썰물 때 높낮이가 달라지며, 호남의 쌀은 이 부잔교를 건너 일본행 선박으로 옮겨졌습니다. 옛적 왜구들이 무력으로 쌀을 빼앗아 갔다면 근대의 일본은 무역이라는 이름으로 쌀을 수탈해 갔습니다. 수탈의 목적을 수행하기 위한 세관이며 은행 건물은 아직도 남아 있어 당시의 모습을 보여 줍니다.

호남관세전시관이란 이름으로 단장한 군산세관에 갑니다. 많은 부속 건물이 있었으나 현재는 모두 헐리고 본관 건물만이 남아 있습니다. 대한제국 당시 1908년에 독일 사람이 설계하고 벨기에에서 붉은 벽돌과 건축 자재를 수입하여 건축했다고 합니다.

그리고 현재는 근대미술관으로 활용되는 은행 건물이 있습니다. 일본 나가사키에 본사를 두고 있던 일본 지방 은행으로, 조선에서는 1890년 인천에 처음 문을 열었고, 군산은 1907년에 조선에서는 일곱 번째로 지점이 건립되었다고 합니다.

군산세관이며 근대미술관 등은 100여 년 전의 건물들이라 여행의 색다름으로 '인증샷' 장소가 되기는 하지만, 여행객의 들뜬 심사로만 볼 수 없는 아픔이 담겨 있습니다.

조선 말, 산업혁명으로 원료 공급처와 상품 판매망을 찾던 서구 세력들이 동양을 찾아옵니다. 명분은 무역이지만 경제력과 군사력을 앞세운 강압이었지요. 중국과 일본도 서양 세력과 불평등 조약을 맺고 문호를 개방하게 됩니다. 우리나라 또한 구실을 들어 강화도에 프랑스군과 미국군도 쳐들어와 피해를 보긴 했지만 어쨌든 무찔렀습니다. 프랑스군 침입이 병인양요, 미군 침입이 신미양요이지요.

태평양 대서양을 누비던 많은 제국주의 세력들이 있었지만, 우린 신생 제국주의로 막 발돋움하려는 일본과 맺은 최초의 조약인 강화도조약에 의해 개항을 하게 됩니다. 일본과 가장 가까운 부산을 시작으로 동해안을 따라 원산이 개항하고, 서해안에서는 인천에 이어 목포, 군산 등이 개항하게 됩니다. 부산은 일본과 가까우니 경제적인 목적으로, 원산은 청나라와 러시아를 견제하기 위한 외교 목적으로, 인천은 서울과 가까우니 정치적으로 활용하려고 한 것이었지요. 그리고 목포와 군산은 호남의 곡창 지대를 노린 개항이었습니다. 군산 개항이 1899년이니 일제강점 11년 전입니다. 이후 식민지 시기를 거치는 동안 군산항을 통해 일본으로 실려 나간 물자 가운데 95%가 쌀이었다고 합니다.

일본은 왜 그렇게도 우리 쌀을 수탈해 갔을까요?

일본은 우리보다 십여 년 먼저 개항합니다. 미국에 의해서요. 그리고 서구 산업혁명처럼 공업화 정책을 폅니다. 공장이 돌아가고, 상품을 생산해 판매할 시장을 찾습니다. 생산 상품이 다른 나라와 경쟁하려면 가격 경쟁력이 있어야 하는데 물건 가격이라는 게 원재료에 가공하는 인건비가 합산되어 책정됩니다. 우리의 산업화 시절에도 마찬가지였지만, 새로이 산업화 대열에 들어서는 국가가 기존의 다른 국가와 경쟁하려면 갖춰야 하는 그 첫째 요건이 가격입니다. 신생 국가가 가격을 낮출 수 있는 방법은 인건비를 줄이는 것이지요.

낮은 인건비를 받는 노동자가 기꺼이 생산 현장에서 노동력을 제공하게 해야 합니다. 그러나 노동자들도 먹고는 살아야 할 것이고, 이때 방법이 바로 주식인 쌀값의 안정화에 있습니다. 우리 땅에서 싸게 수탈해 간 쌀을 일본에 싼값에 풀 수 있었고, 이는 일본의 산업 발전으로 연계됩니다.

쌀은 공산품처럼 목표를 정했다고 해서 생산되는 게 아니라, 1년을 기다려야 합니다. 쌀은 먹고사는 것의 기본이 되는 것이니 쌀 수탈로 우리의 삶은 더 팍팍해졌겠지요.

군산 일제강점기 건물들의 기능은 지금은 없어졌고, 교육 현장으로 활용되고 있는 일본 은행 금고에 새겨진 글귀에 눈이 갑니다.

> "이 금고가 채워지기까지 조선 백성은 헐벗고 굶주려야
> 했다."

1871년 일어난 신미양요는 그 몇 해 전에 평양 앞바다에서 통상을 요구하며 불공정한 거래를 행하다 불태워진 제너럴셔먼호가 원인이었습니다.

그리고 2018년에는 군산에 있던 GM(제너럴 모터스)이 본사에서 폐쇄 결정을 예고합니다. 뉴스로 전해지는 그들의 행위와 그들이 얻게 되는 이익 수치를 보고 있자면 외세는 우리를 도우려 들어오는 일은 없고, 자기 이익을 위하여 움직인다는 것을 다시 확인하게 됩니다.

앞선 시기는 총칼로 무장한 무력과 함께였다면 자본주의 시대인 지금은 자본의 드나듦이 앞선 시기의 총칼을 대신합니다. 예나 지금이나 가장 큰 피해를 받는 것은 역시 현장에서 벌어 먹고살아야 하는 민초들의 삶이겠지요.

역사여행을 통해 억지 교훈이라도 가져온다면, 제대로 된 국가와 위정자들의 바른 판단에 기대를 가져 보는 것이랄까요?

3

천안 독립기념관

독립기념관을 안내하기 위해 예비답사차 처음 찾았다가 스스로 결론 내렸습니다. 한국인이라면 반드시 한 번은 다녀가야 할 곳이라고요.

제 생각과 통했을까요? 군복 입은 이들이 삼삼오오 모인 것이 보입니다. 휴가 중 군인이 독립기념관을 방문하면 휴가가 하루 연장된다고 합니다. 군인뿐 아니라 전 국민 독립기념관 돌아보기 운동이라도 벌였으면 합니다.

독립기념관은 넓습니다. 제가 전국의 박물관이며 역사 유적지를 많이 돌아다니지만, 단일 주제의 유적지로는 제일 넓습니다. 공식적인 통계로 비교해 본 것은 아닙니다만, 제 느낌이 그렇습니다.

주차장에서 건물까지 가는 거리도 만만치 않지만, 전시관 또한 넓고 다양한 유물이 있으며, 해설 글 또한 평생을 봐도 다 못 볼 것 같은 규모입니다.

제1관을 보고 밖으로 나와 제2관으로, 다시 제2관을 보고 밖으로 나오면 제3관의 입구가 나오는 식으로 구성되어 제1관부터 제7관까지 있습니다.

제1관에는 '겨레의 뿌리'라는 이름으로 한반도에 사람이 살기 시작한 이야기부터 시작해 우리 역사 각 시기별 자랑스러운 과학 문화재와 외침을 극복한 모습들이 축소 모형으로 전시되어 있습니다. 제2관은 '겨레의 시련'이란 제목으로 조선 말 외침의 시작과 일제의 만행을 보여 주며 독립기념관이 필요해진 이야기가 시작됩니다. 이어 제3관 '나라지키기', 제4관 '겨레의 함성', 제5관 '나라 되찾기', 제6관 '새나라 세우기'로 각 시기별 독립운동과 해방 등이 큰 주제로 묶여 각각 한 전시관을 차지합니다. 그리고 제7관은 체험활동실로 구성되어 있습니다.

복잡하지요? 제가 박물관 역사여행 시 잘 하는 멘트 중 하나가 '선택과 집중'입니다. 관람 시에는 미리 준비된 자료집으로 선택된 유물과 이야기를 들려줍니다만, 여기선 딱 세 가지만 소개해 볼까 합니다.

첫째, 제2관의 을사늑약 현장입니다. 을사늑약은 을사년에 일본과 강제로 맺은 조약입니다. 일본이 외교권을 가져가지요. 테이블에 양측 대표가 앉아 서명을 하는 모습입니다. 을사오적의 모형이 고개를 이리저리 돌리는 마네킹으로 표현되어 있습니다. 이토 히로부미와 함께요. 나라가 빼앗기는 모습임에도 평화스러운 광경에 놀랐습니다. 나라가 전쟁에 패해 망하거나, 불가항력의 재해로 없어진 게 아니고, 위정자들의 서명에 의해 나라가 망합니다. 아주 평화스럽게 망하지요. 나라가 망하는 데 앞장선 을사오적은 일본이 우리를 보호해야 우리가 번영할 수 있다고 생각했을 수도 있습니다. 잘못된 판단 또한 위정자의 잘못이지만, 그러한 판단이 개인의 영달을 위한 것이라면 안 되지요. 분명 그들은 일본으로부터 귀족 작위를 받고 땅을 받고 돈을 받았습니다. 그런데 지금도 외국과의 거래에서 개인의 영달을 위해 서명을 하는 이들이 있다는 사실에 분노가 치밉니다. 나라가 평화롭게 망할 수도 있습니다.

두 번째 소개드릴 장면은 한 젊은이의 이야기입니다. 1932년이지요. 갓난 두 아들을 두었던 스물다섯의 젊은이, 이국땅에서 "죽어야 할 가장 좋은 때를 찾았다."라는 편지를 조선 민중에게 남기며 대의를 위해 자신을 희생했던 젊은이, 복제품이긴 하지만 그가 남긴 유물들이 천안 독립기념관에 전시되어 있습니다. 그 젊은이는 일본군의 승리 축하 잔치에 폭탄을 던지고 잡혀서 사형당하지요. 제5관의 윤봉길 의사 폭탄의거 현장입니다. 폭탄 던지는 장면과 일본군 수뇌부가 나가떨어지는 모습에서부터 남긴 편지글, 도시락 폭탄 그리고 사형 틀 등이 전시되어 있습니다.

조국애가 강한 열혈 젊은이였고 1908년생인 그가 10년 뒤인 1917년에 태어난 누구처럼 일본 군관학교라도 들어갔으면 아들이 두 살 때 영양실조로 죽는 일도 없었을 것이며 그의 손자들은 지금쯤 대한민국의 정치, 언론, 재벌 중 어느 틈에 끼어서 목소리 높이고 있지 않았을까요? 1917년생으로 만주군관학교를 졸업해 일본군 장교가 되어 훗날 대한민국의 대통령이 되고, 그의 딸 또한 비록 쫓겨났지만 역시 대통령이 되었듯이요.

독립기념관 조선총독부철거 부재 전시공원

　이어 세 번째는 야외에 전시되어 있는 조선총독부 건물입니다. 정식 명칭은 '조선총독부 철거부재 전시공원'입니다. 조선총독부는 1926년 완공 당시 아시아에서 제일 큰 건물이었습니다. 일제가 35년간 우리나라를 통치했던 총본부로, 지금은 독립기념관 한편에 전시공원으로 남겨져 있습니다.

　경복궁의 위용을 가리기 위해 광화문과 근정문 사이 홍례문을 헐고 경복궁에 떡하니 버티고 있던 건물이지요. 광복 이후에도 우리는 중앙청 건물로, 이어서 박물관으로도 사용했습니다. 광복 50주년을 맞고서야 철거를 하게 되었지요. 일본에서 요청했다고 합니다. '그대로 분해해 일본으로 가져가면 안 되겠느냐?' 그에 대한 답은 '헛소리 말아라.' 그다음 날 바로 폭파했습니다.

사실은 도심이라 폭파는 없었고, 부수고 뜯어내어 중앙 뾰족탑을 이루는 부재들을 독립기념관에 전시해 두었습니다. 독립기념관의 서쪽에, 지면으로부터 5m 아래로 움푹 들어간 곳에 전시되어 있지요. '날 일(日)'을 쓰는 일본이 서쪽으로 해가 지듯 아래로 내려가길 염원했을까요?

4

천안 유관순 유적

천안엔 독립기념관이 있습니다. 왜 천안일까요? 바로 유관순이 있기 때문입니다.

유관순은 천안에서 태어났고, 서울 이화여고 재학 시절 3·1 만세운동으로 휴교되자 고향으로 내려옵니다. 고향에서 서울 상황을 전하며 만세운동을 북돋우고, 천안에서 만세운동을 주도하다 잡혀갔습니다. 공주에서 경성으로 옮겨 형을 선고받고 수감 중 3·1 만세운동 1주년이 되는 날 옥중 만세운동을 벌여 모진 고문을 받았습니다. 석방을 얼마 남겨 놓지 않은 1920년 9월 28일, 서대문형무소에서 순국합니다.

천안 생가와 매봉교회 인근엔 사당과 기념관이 있고, 묘 아닌 묘도 존재합니다. 묘 아닌 묘가 무슨 뜻일까요? 사실 유관순은 묘가 없습니다. 시신이 어디 있는지 모릅니다. 이태원 공동묘지에 묻혔고, 그 자리에 군사 시설이 들어서며 이장 공고가 있었으나, 찾을 가족이 없어 묘 또한 잊혔지요. 그래서 유관순의 혼을 불러와 묘를 만들어 놓은 곳이 천안 유관순 초혼묘입니다.

가혹한 일제강점기, 묻힌 묘조차 찾을 이 없던 유관순은 해방 후 세상에 다시 나타납니다.

유관순은 일본이 물러난 후 1946년, 당시 이화여고 교장이 이화를 알릴 명목으로 이화학당 출신 중 국가와 민족에 헌신한 인물을 찾던 과정에서 역시 이화학당 교사 출신에게 소개받으면서 알려지기 시작했다고 합니다. 기념사업회도 만들고, 이후 전기 소설과 영화로도 만들어지면서 더욱 영웅화되었습니다.

문제는 유관순을 찾아 알린 이화여고 교장도 이화학당 교사 출신도 모두 친일 부역자로 활동했다는 것입니다. 친일 단체 간부로 활동하며 젊은이들을 전쟁터로 내보내는 데 앞장섰던 자신들의 친일 경력을 숨기려 이화학당의 출신인 유관순과 본인들을 엮으려 기획했다는 것이지요.

이화여중·고의 교장은 한국인 최초 교장이라는 타이틀을 쥐었고, 유관순을 추천했던 이화학당의 교사는 본인이 세운 학교 이사장이 되어 친일의 죄는 덮인 채 생을 마쳤을 것이고, 그 후손들은 선대가 남긴 유산 속에서 잘살고 있을 겁니다.

만세운동을 하던 18세 여학생의 죽음을 기억하게 해 준 걸로 감사해야 할까요? 유관순은 만들어졌다고 해도, 일반 명사의 유관순은 실제 존재했습니다. 박은식의 『한국독립운동지혈사』에 의하면 3·1 만세운동 당시 목숨을 잃은 사람이 7천 5백 명가량이었다고 합니다. 유관순의 이름 속에는 7천 5백의 목숨이 들어 있는 것입니다.

일본에 나라를 빼앗겼습니다. 권력과 재산을 갖고 있는 이들은 그것을 유지하고 싶습니다. 주권을 되찾으러 의병이 되거나, 국외로 넘어가 독립운동을 했지요. 권력과 재산을 지키는 또 다른 방법, 일본에 붙었습니다. 우리 민족이 살길은 일본에 있다는 선동으로 주권이 빼앗긴 나라에서 더 잘 살아갑니다. 그리고 일본은 물러났지만, 단죄되지 않았던 친일 세력들은 여전히 권력과 재산을 가졌고, 그 후예들은 아직까지도 사회 지도층 행세를 하고 있습니다. 어느 날 외세에 의해 되찾게 된 나라, 친일파들은 살아남으려 비빌 언덕을 찾아 이승만 독재에 편승했고, 다시 5·16 쿠데타 세력을 지지하고 이어지는 유신 독재의 버팀목이 되었으며, 1980년에 다시 법질서를 짓밟고 정권을 탈취한 세력들을 찬양하며 명맥을 이어왔습니다.

2차대전 후 독일 나치에 협력했던 대상자들을 처벌한 사례로 프랑스를 듭니다. 나치 협력 혐의 조사 대상자가 2백만 명이었고, 그 중 체포 99만 명, 사형 6천 7백 명, 수십만의 공무원과 군인이 해직되었습니다. 그리고 독일 지배 아래에서 2주 이상 발행한 신문은 무조건 폐간시키고 재산을 압수해 버렸습니다. 지금도 그때 부역의 증거가 나오면 공무원에서 해직되며 재판받고 벌을 받는다고 합니다.

"친일 안 한 사람이 어디 있어? 그때의 일을 지금 들춰내서 무슨 소용이 있으며, 미래를 향해 나가야지 왜 과거에 살고 있어?"

이런 얘기를 합니다. 미래를 향해 나아가기 위합니다. 과거의 죄과를 청산하지 않고서는 제대로 된 미래로 나갈 수 없기 때문입니다.

프랑스 드골이 이런 말을 했습니다.

"앞으로 프랑스가 다른 나라로부터 외침을 또 당할 수는 있다. 그러나 그때처럼 우리나라를 배신할 사람은 없을 것이다."

철저한 청산에 그 답이 있습니다.

"앞으로 대한민국이 다른 나라로부터 외침을 당할 수도 있습니다. 그러나 그때처럼 독립운동 할 사람은 없을 것입니다. 왜냐면 독립운동을 하면 나뿐 아니라 후손들 또한 빈곤 속에 살아갈 것이고, 외세에 협력한 사람들과 그 후손들은 더 잘살 수 있기 때문입니다."

역사에 정의가 필요한 이유입니다.

5

효창공원, 삼의사묘와 백범 김구

3월 새 학기에 시작된 시대순 역사여행 프로그램이 12월이 되면 막바지 일제강점기 역사에 이릅니다. 일제강점기 역사여행으론 일제의 식민지 수탈 현장이나 일제에 항거하며 독립운동을 했던 분들의 흔적을 찾아갑니다.

출발 버스에서 질문합니다.

"일제강점기 독립운동 하면 누가 제일 먼저 떠올라요?"

여러분은 어떠신가요? 안중근, 윤봉길, 김구, 유관순. 어디서나 질문에 대한 대답으로 불리는 이름들입니다. 그중 안중근, 윤봉길, 김구 그리고 이봉창 의사까지 네 분의 무덤이 완전하지 않지만 한곳에 모여 있습니다. 서울 용산의 효창공원에요.

효창공원의 원래 이름은 효창원으로, 조선 22대 임금인 정조의 맏아들 문효세자의 무덤입니다. 옛날엔 무덤에도 계급이 있어 왕이나 왕비가 묻히면 '능'이라 불리고, 세자나 세자빈은 '원'이라는 이

름을 씁니다. 문효세자가 5살이라는 어린 나이에 죽고, 그의 어머
니 또한 몇 개월 후에 죽자 무덤 풍수를 소중히 여기던 조선 후기
엔 명당에 무덤을 썼습니다. 능이나 원은 왕실의 무덤이라 능원을
감싸는 숲은 관리 대상이었고, 도시 개발 과정에서도 비켜나가 숲
이 보존되었습니다.

일제강점기 명당에 자리한 식민지 왕조의 무덤은 중시되질 않습
니다. 효창원 또한 세자와 그의 어머니 무덤이 옮겨지고, 일제의
군부대 주둔지가 되어 내내 보존되던 숲은 군부대 생활 편의로 잘
리고 훼손됩니다.

삼의사묘

일제는 결국 패망하고, 타국에서 임시정부를 이끌었던 백범 김
구는 귀국 후 이듬해 무덤으로서 명당인 효창원 자리에 독립운동
으로 목숨을 바친 윤봉길, 이봉창, 백정기 의사의 유해를 일본으
로부터 옮겨와 묘를 조성합니다. 이 세 분의 묘를 합쳐 '삼의사묘'라

고 명명합니다.

그런데 삼의사묘는 봉분이 네 개입니다. 윤봉길, 이봉창, 백정기 의사의 묘는 누구의 묘인지 알 수 있는 비석과 함께 있고, 맨 우측 묘에는 봉분만 있고 비석 없이 작은 표지석에 "이곳은 안중근 의사의 유해가 봉환되면 모셔질 자리로 1946년에 조성된 가묘입니다." 라는 알림 글이 써 있습니다.

안중근 의사는 1909년 하얼빈역에서 한반도 식민지 강탈의 발판을 마련한 식민지 통감 이토 히로부미를 저격하고, 1910년 중군 여순(뤼순)감옥에서 순국하지요.

안중근 의사가 동생에게 전했다는 유언이 있습니다.

> "내가 죽은 뒤에 나의 뼈를 하얼빈 공원 곁에 묻어 두었다가, 우리나라가 주권을 되찾거든 고국으로 옮겨다오. 나는 천국에 가서도 우리나라의 독립을 위해 힘쓸 것이다. 대한독립의 소리가 천국에 들려오면 나는 춤추며 만세를 부를 것이다."

지금 안 의사의 묘는 중국 여순감옥 인근 어딘가에 있을 것으로 추정될 뿐, 정확히는 모릅니다. 백범 김구가 시도했고, 북한에서도 찾으려 했으며, 한중 수교 이후 정부 차원에서 현장에 인원을 파견해 조사해 보았지만 아직 못 찾고 있습니다. 어쩌면 영영 안 의사는 이국땅에 묻혀 있게 될 수도 있습니다. 안중근 의사의 가묘 앞에 서면 대한민국 국민 누구라도 죄스러움과 부끄러움을 느낍니다.

삼의사묘 위쪽으로는 임시정부에서 활동하던 독립운동가 몇 분의 묘가 있고, 백범 김구 또한 인근에 안장되어 있습니다. 묘 앞에는 2002년에 백범김구기념관이 세워져 김구의 일생과 함께 우리 근현대사를 공부하는 곳으로 자리매김했습니다.

백범김구기념관을 들어서면 대형 태극기와 함께 김구 좌상이 우리를 맞이하고, 전시관은 김구의 유년기부터 시작해 임시정부의 수반이 되어 독립운동을 하고, 한반도 분단을 막으려던 그의 노력과 함께 명을 달리할 때까지의 생애가 시간순으로 전시되어 있습니다. 마지막 전시품에 눈이 갑니다. 돌아갈 때 입었던 피 묻은 하얀 상의입니다.

일제강점기 한인애국단을 조직해 윤봉길 이봉창 의거를 만들어내고 한국광복군을 조직했던 임시정부 주석 김구에게 일제는 중국 은화 60만 원의 현상금을 겁니다. 백범기념관 안내에 따르면 지금 돈으로 355억가량 된다고 합니다. 그 높은 현상금에도 잡히지 않고 독립운동을 했던 그는 광복이 되고 그렇게도 그리던 해방된 고국에 돌아온 지 5년이 채 안 되어 대한민국 육군 장교의 총탄에 명을 달리합니다.

총을 쏜 군인은 무기수였다가 몇 달 안 되어 풀려 나오고, 다시 군대로 복귀했다가 사업가로 변신하였고, 이름을 바꾸어 숨어 살지만 김구 암살범을 응징하려는 일반인들에게 테러를 당하다 늘그 막에 마침내 한 시민에게 맞아 죽습니다.

일제 식민지 결과로 분단된 남과 북은 여전히 대결 중이고, 통일을 그토록 염원하던 김구의 죽음으로 이익을 본 무리는 한 세대를 이어 아직도 여전히 한반도의 운명을 쥐고 있는 듯 보입니다.

역사를 잊은 민족에게 미래는 없다고 하는데, 삼의사묘와 백범 묘소에서 지난 역사를 다시 한번 되새겨 봅니다. 잊으면 안 되니까요.

6

서대문형무소

2019년엔 3·1 만세운동과 상해 임시정부 수립 100주년을 맞아 많은 곳에서 그와 관련된 기념 활동이 펼쳐졌습니다. 100주년 이벤트 여행이라면 일 번은 천안 독립기념관입니다. 독립기념관엔 우리 5천 년 역사부터 시작해 일제강점기의 거의 모든 독립운동사가 전시되어 있습니다. 그런데 이는 최근에 옮겨온 것들이고, 만들어진 것이지요. 옮겨지지 않고 꾸며지지 않는 당시 그대로의 독립운동 역사 공간은 어디가 있을까요? 저는 서대문형무소를 추천합니다. 현재의 공식 명칭은 서대문형무소역사관입니다.

조선시대 한양은 임금님이 머무는 궁궐을 중심으로 성을 쌓아 도읍지 성인 도성이 되었고, 동서남북에 문을 내어 출입했습니다. 사대문을 나서면 도성 밖, 시외입니다. 일제가 우리를 강제 병합한 공식 연도는 1910년 경술년이지만, 1876년 강화도조약 이후 하나씩 우리의 권리를 빼앗았습니다. 1895년 을미년의 왕비 시해 사건

(을미사변)이나 1905년 을사년 외교권 박탈(을사늑약) 등에서 보듯
경술년 이전부터 이미 조선은 제국주의 일본의 먹잇감이 되었지요.
조선에서 대한제국으로 이름이 바뀌고 망하기 2년 전인 1908년, 대
한제국의 외교와 정치·군사를 맡았던 일제의 한국통감부에 의해
도성 밖인 서대문 앞에 감옥이 지어집니다. 당시 도시 이름을 따
경성감옥이라 부릅니다.

　경성감옥이 만들어지기 한 해 전인 1907년에 대한제국 군대가
해산됩니다. 직업 군인들이 직업을 잃게 된 것입니다. 먹고살려면
다른 직업을 찾든가 군인 직업을 되살려 대세 일본에 고용되든가
아니면 군대 해산에 대한 항쟁을 하겠지요. 항쟁 세력들은 급료를
받지 않는 군인인 의병이 됩니다. 이들이 국가 전복 세력으로 잡혀
갇힌 곳이 새로 지은 경성감옥입니다. 일제의 필요에 새로 만들어
진 감옥이지요.

　일제가 조선을 병합하려 군대마저 해산하던 이듬해, 수가 늘어
난 의병들은 조직적으로 서울진공작전을 폅니다. 주축이었던 의병
장 중 왕산 허위 선생을 그려 봅니다. 서대문형무소에서 순국한 첫
의병장입니다. 서대문형무소역사관엔 그분의 얼굴과 활동이 소개
되어 있지만, 일부러 찾아보지 않으면 안 보입니다. 조선의 신하였
던 그는 "질 줄 안다. 그런데 왜놈이랑 한나라에서 못 살겠는 걸 어
떡하느냐?"라며 지는 싸움인 줄 알면서도, 목숨을 잃을 줄 알면서
도 항쟁했습니다. 왕산 허위 선생의 이름은 서울 청량리에서 동대
문까지 도로 이름인 '왕산로'로 기억되어 있습니다. 그 도로의 이름

엔 나라 잃고 항쟁했던 무수한 무명인도 함께 들어 있겠지요.

독립운동 이야기를 하면 안중근도 있고 윤봉길도 있고 김구도 있으며, 서대문에서 순국한 유관순도 있습니다. 많은 사람이 기억하고 추념하는 분들이지요. 저는 서대문형무소에 순국하신 독립투사 한 분을 더 불러 봅니다.

강의규 의사. 1920년 새로 임명되어 들어오는 일본 총독을 향해 폭탄을 던졌던 백발의 노인입니다. 일제강점 후 만주로 이동해 젊은이들을 계몽하는 교육 사업에 종사하다 새로운 총독이 부임하는 것에 맞춰 폭탄을 반입해 의거를 일으키고 잡혀 서대문형무소에서 순국했습니다. 당시 나이가 65세였습니다. 100년 전의 65세라면, 지금의 80세가량의 노인으로 보면 될까요.

> "내 평생 나라를 위해 한 일이 없음이 부끄럽다. 내가 자나 깨나 잊을 수 없는 것은 우리 청년들의 교육이다. 내가 죽어서 청년들의 가슴에 조그마한 충격이라도 줄 수 있다면 그것은 내가 소원하는 일이다."

일본의 한반도 지배를 당연시하고 영원할 것이라며 지식인들마저 민족개조론을 말하던, 피해자의 저항이 오히려 죄가 되는 모순의 시대에 백발노인의 의거는 청년들이 식민지 조국에 안주하여 사는 것에 경각심을 주는 것이었지요.

경성감옥은 이후 마포에 더 큰 감옥이 지어져 서대문형무소로 개명되고 일본이 물러난 후에도 교도소로 이용되다가, 경기도 의 왕시로 옮겨 갑니다. 당시 옥사 건물 15개 동 중 역사성을 고려해 5개 옥사와 나병옥사를 보존해 사적으로 지정하고, 다시 재단장을 거쳐 1998년 11월 5일에 '서대문형무소역사관'으로 개관해 역사 교 육의 장으로 활용되고 있습니다.

서대문형무소

'자유와 평화를 향한 80년', 서대문형무소역사관에 들어서면 처음 우리를 맞이하는 문구입니다. 일제로부터 되찾은 우리나라 대한민국, 그리고 지금 민주공화국으로서의 대한민국. 우리가 대한민국의 주인으로서 자유를 누리고 권리를 말할 수 있음은 누군가의 희생 위에서 가능한 것입니다. 수많은 독립지사와 민주투사의 희생을 기억하며 순국하신 분들의 명복을 빕니다.

7

대한민국의 주인은?

　　앞서 말했듯 제가 운영하는 역사여행 프로그램 중 '동행누리'란 기획 일정이 있습니다. 선사시대부터 시작해 10개월 과정으로 한 달에 한 번 시대순으로 역사여행을 합니다. 선사, 삼국, 고려, 조선, 일제강점 그리고 마지막엔 대한민국에서 마침표를 찍습니다. 전체 일정의 마지막인 대한민국의 역사 현장은 어디를 갈까요? 대한민국역사박물관을 찾아가기도 합니다.

　한반도 최초의 국가는 무엇일까요? 맞습니다. 고조선입니다. 그렇다면 고조선은 언제 세워졌을까요? 기원전 2333년으로, 연도를 셀 때 '단기 ○○년' 하면서 끝자리 숫자까지도 정확하게 말합니다. 역사여행에서 자주 만나는 고구려·백제·신라, 고려, 조선도 건국 연도와 초대 임금이 정확하게 기록되어 전해집니다.

　지금 우리가 살고 있는 대한민국은 언제 생겼을까요? 모릅니다. 2019년엔 대한민국 임시정부 100주년이라며 폭죽을 터트렸으니,

그 기준으로 본다면 대한민국 건국은 1919년이 되어야 할 것이고, 임시 딱지를 떼는 영토와 주권과 국민이 한자리에 위치한 대한민국 정부 수립을 말한다면 1948년이 되어야 할 것입니다. 언제를 기준으로 보냐에 따라 일제강점기 독립운동의 재평가와 아울러 남북 분단 대치 상황에서 해석의 기준 등이 달라지겠지요. 대한민국 역사박물관에는 어떻게 소개되어 있을까요?

대한민국의 역사를 전시하는 대한민국역사박물관은 2012년 12월 이명박 정부 막바지에 생겼습니다. 관 주도의 기념관이 그러하듯 당시의 헤게모니를 쥐고 있는 사람들에 의해 기획됩니다. 개발과 성장을 기치로 내걸었던 정부였으니 전시 초점은 경제 성장에 맞춰져 있었고, 개발 독재 속에서 대를 위해 희생된 민중들은 가려지고 찬란한 대한민국을 보여 주는 데 핵심이 주어지지요.

개관 초기부터 진보 진영의 비판이 이어지더니 급기야 문재인 정부에 들어서는 상설전시실 전체를 바꿀 계획으로 일부는 문을 닫고 꽤 오랜 기간 공사를 했습니다. 낙후된 시설을 보완하고 정보화 시대에 발맞춘다는 말과 함께 경제 성장 일변도의 전시 내용을 수정하여 산업화와 더불어 진행된 민주화의 모습도 재현하기 위해 재정비에 들어간다고 언급되어 있었습니다.

3, 4, 5층의 상설전시실은 '대한민국의 태동'이라는 조선 말기 상황부터 시작해 시대순으로 위층으로 올라갔었는데, 경제 성장에

치중했던 5층을 재정비하고 이후 4층은 체험 공간으로, 3층은 주제관으로 재단장했습니다. 박물관이 세워질 때 함께 설치되었던 대한민국 대통령 이명박이라는 서명이 들어간 돌비는 최근 수장고로 옮겼다고 전해집니다.

대한민국의 건국일 결정 등의 관련 관점이 정립되지 않는 이상 어떤 진영의 정권이냐에 따라 대한민국역사박물관은 정권 교체 시마다 재정비될 것입니다.

모든 역사는 현대사이고, 순연한 역사 그 자체는 있을 수 없으며, 해석하는 데 의미가 있습니다. 대한민국의 역사는 지금 여기에 살고 있는 사람들에게 바로 영향을 끼칩니다. 그야말로 어떻게 해석하냐에 따라 기득권 자체가 흔들리는 사람과 새로운 이득을 차지하려는 이들과의 싸움입니다.

저는 근본 뿌리는 단죄되지 않는 친일에서 찾으며, 대한민국 건국은 1948년이 아닌 1919년으로 결정되어야 하며, 그로부터 대한민국이 시작되어야 국가라는 공동체 속에서 어떻게 살아야 바르게 사는 것인지 대의명분이 생기고, 미래 사회로 나가는 좌표도 제시될 수 있다고 생각합니다.

그래서 국가의 일원으로 어떻게 살아야 할까요?

대한민국은 대한제국이라는 황제의 나라에서 이제는 '민(民)'이 주인인 나라로 이국땅 상하이에서 되찾을 나라 이름을 정했습니다. 대한제국의 주인인 황제는 눈 떠서는 당연하고, 눈을 감아서도 오직 자기 나라 대한제국을 생각했을 것입니다. 이전 조선의 주인이라고 생각했던 국왕 또한 그러했을 것이고, 한반도에 있었던 숱한 왕국들의 왕은 오직 나라 생각뿐이었을 것입니다. 주인이었으니까요.

대한민국의 주인은 민(民)이라고 합니다. 명목뿐이었던 것에서 이전 시기 수많은 사람들의 피와 목숨으로 명실상부한 대한'민'국이 되었지요. '민'인 '나'는 주인이라고 말하면서 대한민국 생각을 얼마나 하고 있을까요?

여러분에게 묻습니다. 대한민국의 주인이신가요?

8

가장 인기 좋은 체험학습 여행지, 청와대

     체험학습은 날짜와 행선지 그리고 주제를 잡아 상품을 만들어 올려놓고 적정 인원이 신청해야 진행됩니다. 참여자가 비용을 부담하는 형태라 감동이나 재미가 없으면 지속되기 힘들지요. 지인들이 묻습니다.

"어디가 인기가 가장 좋은가요?"

뜻밖에도 가장 인기가 좋은 곳은 '청와대'입니다. 잠깐 탄핵 정국에 '거길 왜 가?'라며 분위기가 가라앉은 적도 있었지만, 청와대를 체험학습 코스로 넣어서 날짜만 잡아 놓으면 거의 대부분 예정된 인원이 마감 모집되어 떠납니다. 저는 김대중 정부 때부터 청와대를 출입했습니다. 청와대 주인은 길어야 5년이지만, 저는 20년 넘게 청와대에 드나들고 있습니다.

     청와대 체험학습에서는 무슨 얘기를 할까요? 사람에게 이름이 있듯 건물에도 고유의 이름이 있지요. 건물의 이름은 어떻게 지어

질까요?

가장 흔하게는 소재지와 하는 일을 바탕으로 건물의 이름을 짓습니다. 서울특별시청, 국회의사당, 시립무등도서관…. 이런 건물들은 이름만 듣고서도 어디쯤에 있는지, 무슨 용도의 건물인지 알 수 있습니다. 현시대의 관공서 건물 이름은 어디에 있는 무슨 성격의 건물이라는 걸 보여 주며 이름을 짓고, 'ㅇㅇ쇼핑센터'나 'ㅇㅇ단지' 같은 '어서 와서 보고 사 주세요.'라고 외치는 건물 또한 이름을 보면 건물의 정체를 알 수 있습니다. 무슨 일을 하는지 어디에 있는지를 알아야 효율적일 것이니까요.

옛 건물은 한자 어귀를 빌려 와 이름에 그 정신을 집어넣거나 풍경을 담아 이름을 짓기도 했습니다. 큰 복이 깃든 궁궐 '경복(景福)궁'이나, 구름이 넘는 고갯길의 집인 '운현(雲峴)궁', 홀로 원칙을 지키겠다는 담양의 '독수(獨守)정', 비자림 숲속에서 사시사철 녹색 비가 내린다는 해남의 '녹우(綠雨)당' 등이 있지요.

'청와대'라는 이름은 어떻게 지은 것일까요? 이름 속에 정신이 들어 있는 것 같지도 않고, 무슨 일을 하는 것인지도, 어디에 있는지도 불명확합니다. 단지 '푸를 청(青)'에 '기와 와(瓦)'를 써서 '푸른 기와가 덮인 집'이라는 건물의 지붕 색깔만 말하고 있습니다.

청와대는 경복궁 뒤편 언덕에 있습니다. 경복궁의 동서남북 문 중 북문으로 나서면 바로 청와대 본관이 보이고, 정문이 있습니다.

청와대 자리는 경복궁의 후원 역할을 했던 곳입니다. 경복궁은 조선이 500년 도읍지인 고려의 개경을 버리고 새로운 다짐으로 천도하며 새로 지은 궁궐입니다. 아무 연고 없는 허허벌판에 터를 잡지는 않았습니다. 고려시대에 도읍 개경과 함께 3경이라 하여, 서경의 평양, 동경의 경주, 남경의 한양이 있었습니다. 남경 터가 바로 지금의 청와대 자리입니다. 청와대 터는 지금 대통령이 살기 오래 전부터 중요한 지역으로 인식되던 곳이었습니다.

청와대 앞인 경복궁은 임진왜란 때 전부 불에 타고 이어 270년간 폐허로 남겨졌습니다. 본 건물이 없는데 후원인들 무슨 소용이 있었겠습니까? 그냥 버려진 땅이었겠지요. 그러다가 홍선대원군의 왕권 강화 정책 중 하나인 경복궁 중건 때 다시 경복궁이 세워지고, 원래의 모습대로 북쪽 문을 통해 나가는 후원에도 여러 건물이 들어섭니다. 그중 경무대라는 이름의 건물도 들어서게 됩니다. '경무대'요.

일제는 조선의 상징인 경복궁을 가로막으며 조선총독부를 세우고, 총독이 머무를 공간으로 경무대 자리에 총독 관저를 마련했습니다. 해방 후 총독 관저는 미군정 장관이 차지하며, 경무대란 이름을 되찾게 되었지요. 영어권 사람들이 '경무대'를 발음하기가 쉽지 않았을 터, 이때의 경무대는 영문 이니셜로 'KMD'로 불립니다. 그리고 미군정 이후 초대 대통령 이승만이 대통령 관저로 사용하면서 원래의 이름 경무대로 불리게 되었습니다.

우리나라의 모든 권한을 쥐락펴락하던 이승만 정권 시절 경무대는 독재의 상징이었습니다. 부정 선거와 독재에 항거하는 세력에 밀려 이승만이 쫓겨나고 들어선 정부는 대통령이 업무를 보고 머무는 경무대의 이미지를 쇄신할 필요가 있었을 것입니다. 그래서 이름을 새로 짓기로 합니다. 개명추진위(그런 게 있었는지도 모르겠지만)에서 마지막으로 올린 두 개의 이름이 화령대와 청와대입니다.

청와대야 귀에 익숙하니 그러려니 해도 느닷없는 화령은 무엇일까요? 화령은 조선이 처음 국호를 정할 때 물망에 올랐던 이름입니다. 두 이름 중 당시 대통령인 윤보선은 청와대로 결정했습니다. 사람은 자기의 앎과 경험 속에서 선택하겠지요. 윤보선은 영국에서 고고학을 공부했습니다. 고고학을 공부한 정치인에게 '청자로 지은 집'이라는 청와대라는 이름은 얼마나 매력적이었을까요. 그리고 국제 감각을 익힌 이에게 미국의 '백악관(White House)'과도 어깨를 나란히 할 것 같은 색깔을 넣은 이름이라니….

지금의 청와대를 상징하는 파란색의 본관 건물은 윤보선, 박정희, 전두환 이후 노태우 때 지금의 모습으로 완성되었습니다. 그리고 김영삼, 김대중, 노무현, 이명박, 박근혜, 문재인 정부까지 청와대는 이어져 내려오고 있습니다.

청와대 방문은 방문자센터에서 청와대 직원을 만나 춘추관을 지나 녹지원을 거쳐 본관 그리고 영빈관을 지나는 코스인데, 중간에 청와대 비서들이 일하는 비서동을 지납니다. 비서동의 이름이 '여민관(與民館)'에서 한때는 '위민관(爲民館)'으로 바뀌었다가, 이번 정부 들어 다시 '여민관'으로 되돌아왔습니다.

'위민'은 백성을 위한다는 표현이긴 하지만, 주체가 청와대 사람들이 되는 것이고, '여민'은 백성과 함께라는 말로 백성을 주인으로 생각하는 표현입니다.

청와대 관람이 인기가 많은 이유는 무엇일까요? 저는 청와대 관람이 우리가 청와대 주인이기 때문에 5년간 세 들어 사는 사람이 잘 보존하고, 시킨 일을 잘하고 있나 확인하는 길이라고 말합니다. 주인이 한번씩 확인은 해 봐야 하니까요.

9

제주도로 역사여행을 간다면

　　삼성혈, 박물관, 항파두리성, 하멜기념관, 대정읍성, 추사적거지, 알뜨르비행장, 4·3 평화공원, 마라도, 거문오름. '제주 역사여행'이란 주제로 여행했던 곳입니다.

　제주도, 성인인 경우는 대부분 몇 번은 가 봤지요. 그런데 '제주 역사여행'이라는 주제로 정한 위 지역은 방문 경험은 둘째치고 이름마저도 생소합니다. 휴양, 유흥, 관광이 아닌 역사 학습 여행으로서 제주도는 어떤 곳일까요?

　제가 처음 제주 역사여행을 기획하며 선배 여행사에 이렇게 제주 여행 모객하려 한다고 말했습니다. "이런 데를 누가 가려고 할까요?"라는 질문을 되받았습니다. 그런데 '그런 데'를 2014년을 시작으로 매년 몇 차례 '광주출발 제주 역사여행'이라는 프로그램으로 방문하고 있습니다.

　제주는 '물 건널 제(濟)'에 '고을 주(州)'를 씁니다. 물 건너 가는 고을이라는 뜻으로, 육지 사람들에 의해 작명되었지요.

지역의 이름은 그 안에 사는 사람들에게는 딱히 필요치 않습니다. 우리 지역은 그냥 우리 동네, 우리 마을이면 족합니다. 우리 마을 이외는 다른 마을이고요. 한데 우리 마을 밖에 사는 외부인은 우리 마을과 다른 마을 그리고 또 다른 마을과의 구분을 위해 각 마을의 특징을 잡아 이름 붙여 구분합니다. 분명 대륙의 끝자락인 반도와는 또 떨어진 '제주'는 한반도의 사람들에 의해 지어진 이름입니다.

제주도가 언제부터 한반도의 일부로 편입되었을까요? 고려시대에 부르기 시작했던 '제주'라는 이름, 그 이전 시기 사서에 등장하는 이름들은 '탐라'를 대표로 '담라', '탐로라', '탁라', '섭라' 등입니다. '제주'처럼 고을 주(州)가 들어간 중앙 집권 체계에 소속된 일개의 고을이 아니라 독립된 개체로서의 이름들입니다. 이들은 뜻글자로서의 한자 표기라기보다는 우리말을 한자어로 옮긴 소리글에 가까웠을 것이고, 언어 변천 과정에 비추어 탐라는 곧 '섬나라'라는 우리말을 표기한 한자어였을 것이라고 주장되기도 합니다. 탐라류의 이름이 섬나라라고 한다면, 섬나라라는 이름 또한 아마도 육지에서 붙인 이름이었을 것입니다.

역사여행으로 제주도를 방문하면 어디를 먼저 갈까요? 고대부터 시대순으로 잡아 선사시대 제주를 먼저 소개할까 아니면 역사여행의 의미를 북돋을 만한 거리를 잡을까 고민합니다. 단체가 함께 움직이다 보니 버스 동선을 고려하게 되고, 그래서 공항과 가까운 쪽을 우선하게 됩니다.

하느님의 아들이 하늘에서 내려다보니 꼭 다스릴 만한 곳이 있어서 땅으로 내려왔고, 곰에서 인간으로 변한 웅녀 사이에 태어난 것이 우리 민족 시조인 단군이었습니다. 그런가 하면 마을 촌장들이 회의를 하고 있는데, 하늘로 올라간 흰 말이 품고 있던 알, 그 속에서 신라의 왕이 태어납니다. 또 하늘에서 소리가 있어 구지가를 부르고, 내려진 금 상자 안에는 여섯 알이 들어 있었습니다.

이렇게 하늘에서 내려오는 신화류 이야기를 천손 강림 신화라하여, 그렇지 않은 것들과 구분해 고대 신화 유형 중 하나로 분류합니다. 우리 민족 신화인 단군신화를 비롯해 가야 김수로, 신라 박혁거세 등이 하늘과 소통하는 존재라면, 제주도에는 이와는 달리 땅에서 솟구쳐 오르는 신화가 있습니다.

첫 일정은 제주의 시작을 알리는 제주 신화의 유적인 삼성혈을 찾아갑니다. '三(석 삼), 姓(성 성), 穴(구멍 혈)'. 제주의 세 성씨 시조가 땅으로부터 올라왔다고 전해지는 곳입니다. 삼신인이라고 불리는 세 명의 시조들이 수렵 생활을 하다 벽랑국에서 가축과 오곡의 씨앗을 갖고 온 세 공주와 결혼해 낳은 자손이 제주 고씨, 제주 양씨, 제주 부씨로 이어져 내려온다고 합니다.

삼성혈엔 정말 세 개의 구멍이 있습니다. 단군신화에 보이는 곰과 호랑이는 진짜 동물로서의 곰과 호랑이가 아닌 곰과 호랑이의 용맹을 숭상하는 부족간의 갈등에서 곰을 숭상하는 부족이 승리했을 것이라는 상징으로 보자고 하지요. 삼성혈 신화 또한 세 구멍 속에서 나왔다는 것은 동굴이나 땅을 파 그 속에 집을 짓고 평등하게 공동생활을 하던 부족들이 있었다는 것을 유추하게 됩니다. 씨앗을 갖고 온 세 공주는 바다 건너 온 농경 민족으로, 그들과 결혼을 통해 성장해 간다는 상징으로 보아야겠지요.

입구엔 육지의 사당에서 보이는 홍살문이 있고, 이어 제주이니만큼 돌하르방이 탐라 발상지라는 알림판과 함께 서 있습니다. 유적지 안내판의 설명 글을 읽고 기념관에서 영상을 관람하고, 돌아나오는 길에 닫힌 문틈 사이로 삼성사라는 사당을 바라봅니다.

조선 중종 21년, 제주 목사 이수동이 제례를 모시고, 지금까지도 봄·가을과 12월 10일에 제사를 지내고 있다는 설명 글이 보입니다. 제주 사람들에게 육지에서 파견된 유학자 관리에 의해 전파된 제례 의식은 무슨 의미가 있었을까요? 제주의 수많은 신과 무속 의식은 미신으로 치부되어 버려지고, 육지에서 옮겨 온 선진 문화가 그 자리를 대체합니다.

선진 문화는 곧 무력의 우위에서 오는 전파였겠지요.

삼성혈에서 시작해 시대순의 역사여행을 하고, 사흘간의 마지막 여정은 4·3 평화공원에서 마침표를 찍습니다.

제주도에서 1947년 3월 1일을 시작으로 1948년 4월 3일에 발생한 남로당 제주도당의 무장봉기, 한국전쟁 후까지의 무력 충돌과 진압 과정. 제주의 4·3 사건은 광주의 5·18 민주화운동처럼 그 역사 현장을 경험했던 사람들이 살아 있는, 여전히 기억되고 있는 아픔입니다. 당시 제주 인구인 20만 명 중 3만 명이 숨진 처절한 아픔이지요.

4·3 평화공원 들어서는 한편에 모녀상이라는 이름으로 아픔을 표현한 미술 작품이 있습니다. 낮은 회오리 돌담을 빙글빙글 돌아 들어가면 눈밭에 맨발의 엄마가 아이를 품에 안고 허리 숙여 앉아 있는 모습입니다. 4·3 사건 당시 제주 한라산 중턱에서 발견된 모녀 시신에서 모티프를 따와 만든 형상입니다.

제주 4·3평화기념관 입구 모녀상

광주의 5·18 민주화운동은 분명 사상자는 있지만 발포 명령자는 없는, 아직도 미해결된 일이지만 그래도 명칭은 '광주사태'에서 지금은 '광주민주화운동'으로 자리매김되었습니다.

제주의 4·3은 어떨까요? 공식 명칭은 '제주 4·3 사건'입니다. '사건'일 뿐, 아직도 모른다는 이야기입니다. 4·3 평화기념관을 들어서면 맨 처음 아무것도 쓰이지 않은 백비가 눕혀 있습니다. 그 밑에 이런 문구가 적혀 있습니다.

"언젠가 이 비에 제주 4·3의 이름을 새기고 일으켜 세우리라."

1948년 4월 3일, 제주. 흘러간 과거 사건의 진실을 밝히고 희생자를 위로하는 것은 사건 당사자만을 위하는 것이 아닙니다. 역사의 진실이 밝혀져야 지금 우리 삶의 가치관도 명확해지고, 밝은 미래로 나갈 수 있습니다. 이는 역사 공부의 목적이기도 하고 역사여행의 의미이기도 합니다.

10

한국정신문화의 수도 안동

'대한민국 수도 서울'이라는 말 속에 서울은 대한민국의 정치·행정·경제·문화의 중심지라는 느낌이 들어 있습니다. '수도'라는 말은 그런 힘이 있는 말이지요. 수도 아닌 지방에서는 어떤 분야의 특별함을 표방하며 '수도'를 지역 브랜딩으로 사용합니다. '○○수도'라는 이름으로 불리려면 먼저 관련 인프라가 구축되어 있어야 합니다. '녹차수도' 보성은 타지역보다 많은 녹차밭이 있어 가능했고, '생태수도' 순천은 순천만이라는 자연환경을 갖고 있기에 가능했습니다. 그 외에도 몇 지역에서 '○○수도'라는 이름을 제정해 광고하지만, 사람들에게 알려지기는 쉽지 않습니다. 관련 기반이 약하거나, 시각화하기 어려운 개념일 경우는 특히 어렵지요.

'한국정신문화의 수도'라 불리는 곳이 있습니다. 정신문화 또한 시각화하기는 어려운 분야이지요. 한국정신문화수도는 2006년 특허청에 등록된 안동의 브랜드입니다. 서양과 구분되는 동양의 특

징을 넘어서 일본이나 중국과도 구별되는 한국의 정신문화, 그 기
준이 안동에 있다는 자신감이 한국정신문화수도 안동이라는 이름
에 들어 있습니다. 한국정신문화수도라고 이름을 정한 근거는 무
엇이며, 한국정신문화는 어떤 것일까요? 이것이 안동 여행의 화두
가 됩니다.

　1999년, 영국 여왕이 한국을 방문합니다. 영국은 의원내각제 국
가이기에 실질적인 국가 지도자이자 정부 수반은 총리이지만, 명
목상 국가 원수는 국왕인 여왕입니다. 한 세기 전 세계 최강 대국
이었던 영국을 대표하는 자존심의 상징인 국왕이 대한민국을 방문
해 서울에 머물지 않고, 동남쪽 변방의 소도시인 안동을 찾아갑니
다. 안동 하회마을에서 생일상을 받고 별신굿을 관람하고 봉정사
를 돌아봅니다.

　하회마을은 경주 양동마을과 더불어 세계유산이며 봉정사 또한
'산사, 한국의 산지승원'이라는 이름으로 7개의 사찰과 함께 세계유
산에 등록되었습니다. 역시 세계유산에 등록된 우리 서원 아홉 곳
중 도산서원과 병산서원 두 곳이 바로 안동에 있습니다.

　한국정신문화는 역사성을 담보로 하고, 우리 역사에서 불교와
유교의 영향은 뗄 수 없는 것이기에 사찰과 서원 그리고 전통 마
을을 간직하고 있는 안동이 한국정신문화의 수도라 스스로 표방
하는 근거가 될 것입니다.

'편안할 안(安)'에 '동쪽 동(東)'이라는 이름을 갖는 안동. 견훤의 후백제와 왕건의 고려가 경합하던 시기, 힘의 균형을 깨고 고려로 통일되는 길목에 고창전투가 있습니다. 고창은 지금의 전북 고창이 아닌 당시 안동 지역을 이르던 지명입니다. 당시의 고창인 지금의 안동은 두 세력의 충돌 지점이었습니다. 두어 해 전, 신숭겸의 죽음으로 달랑 자신의 목숨만을 구했던 왕건이 고창에서 다시 재역전할 수 있었던 것은 인근 호족 세력의 도움이 컸습니다. 왕건은 지역 이름을 동쪽을 평안케 했다는 의미로 안동으로 삼았고, 자신을 도왔던 호족 세력들에게 성씨를 하사하니 이것이 안동 권씨, 안동 장씨, 안동 김씨 등의 시작입니다.

토지와 성씨를 내려 통합 정책을 추진했던 고려 왕건으로부터 초기에 성씨를 받은 안동 지역 가문들의 자존심은 전통을 지키려는 힘으로 작용했을 것입니다.

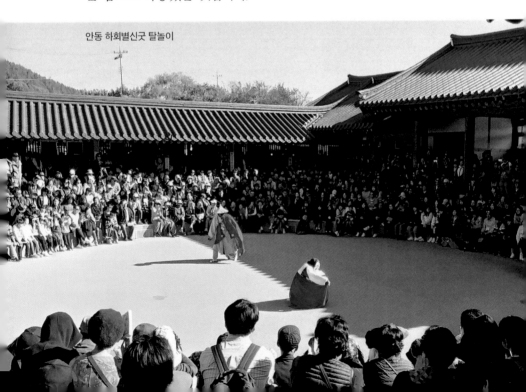

안동 하회별신굿 탈놀이

하회마을은 안동을 대표합니다. 골목길과 고택을 돌아보고 마을 맞은편 부용대에 올라서면 왜 '하회'라 불렀는지 알게 됩니다. '물 하(河)'에 '돌 회(回)'로, 낙동강의 물줄기가 마을의 세 면을 감싸고 빙글 돌아 물이 돌아가는 마을이라 하여 하회라고 불렀다고 합니다.

하회라는 명칭은 이 마을에서 800년간 전승된 판굿에 붙여져 하회별신굿이라는 이름으로 전해져 매일 오후 두 시엔 수많은 관람객을 끌어들이는 요소가 되고, 세계화되어 세계탈춤페스티벌을 벌이는 근거가 됩니다.

하회마을을 넘어서면 우리나라 대표 서원인 병산서원이 있어 '서원=꽉 막힌 구조'라는 도식을 깨는 시원한 풍광을 볼 수 있고, 영국 여왕처럼 봉정사를 코스에 넣는다면 우리나라 최고의 목조 건물과 함께 사찰이 품고 있는 마당의 맛을 느끼게 됩니다.

수 대 위의 조상이 살았던 터전도 시대의 흐름에 따른 현대화는 피할 수 없는 것이지요. 그러나 내부 정신은 현대화와는 별개의 문제입니다. 정신문화수도 가치를 어디에 두어야 할까요?

저는 떳떳하고 부끄럽지 않은 삶이라고 말합니다. '너네 아버지 이름이 뭐야?'라는 물음에 당당하게 대답하고, '우리 아버지는 ○○입니다.'라고 떳떳하게 말하는 나의 자리 말입니다. 위 세대와 아래 세대의 연결점에서 가치를 지키는 것, 안동이 한국정신문화수도로 자리매김한 요소가 아닐까 생각해 봅니다.

11

광주정신 찾아

'광주정신'

도시 이름에 '정신'이라는 말을 붙였습니다. 도시에도 정신이 있을까요? 인터넷에서 '광주정신'을 검색하면 광주정신에 대한 명확한 개념 설명은 없지만, 현시대 대표적인 정치인들의 얼굴과 광주정신을 언급한 기록들이 보입니다. 광주정신을 명확하게 무엇이라고 말할 수는 없지만, 무언가는 있다는 것이지요.

광주정신이라 명하듯, 다른 도시에도 지역 이름에 정신을 붙여 말을 할까요? 그래서 다른 광역시에 '정신'을 붙여 검색해 봅니다. 부산정신? 대전정신? 정신병원이니 정신건강이니 하는 것들이 검색되어 나옵니다. 서울은 어떨까요? 서울도 마찬가지로 국립정신병원이 나옵니다. 도시 이름에 '정신'을 붙일 수 있는 곳은 광주가 유일하다는 생각입니다. 그렇다면 광주정신은 뭘까요?

정신은 눈으로는 볼 수 없습니다. 눈으로 볼 수 없는 정신은 행

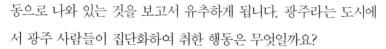

동으로 나와 있는 것을 보고서 유추하게 됩니다. 광주라는 도시에서 광주 사람들이 집단화하여 취한 행동은 무엇일까요?

가깝게는 5·18 광주민주화운동부터 시작해 일제강점기의 광주학생독립운동, 한말 남도 의병 그리고 임진왜란 당시 '호남이 없으면 나라가 없다.'라는 뜻의 이순신 장군의 '약무호남시무국가'에서도 광주정신을 엿볼 수 있습니다.

행동을 보고 정신을 유추하듯, 정신은 행동을 이끌어 내는 동력이 됩니다. 지역 정신이 단시간 내에 이뤄진 것은 아닐 테고, 오랜 역사적 바탕이 있었을 것입니다.

마한, 백제, 후백제가 흡수 통합되던 역사 변혁기마다 패배의 맛을 보았던 이 지역 사람들에게 새로 들어온 강자는 거부감이 들었을 테고, 고려에 이은 조선시대의 시작과 함께 혼란기마다 정권에서 밀려난 사람들이 남도를 도피처 삼아 찾게 됩니다. 그 사람들이 남도에서 할 수 있는 일은 교육 사업이었을 것이고, 정권에서 밀려난 사람들의 무기인 의리와 도덕 교육이 이 지역 젊은이들에게 올바른 삶의 모습이자 지역 정서가 되었고, 목에 칼이 들어와도 옳다고 생각하는 것은 굽히지 말라는 가르침이 뿌리내려 훗날 광주정신으로 표출되었을 것입니다.

2020년, 중학교 1학년을 대상으로 하는 '광주정신 역사탐방' 인솔교육강사로 위촉되었습니다. 광주정신을 배울 수 있는 광주광역

광주학생독립운동기념탑

시의 역사탐방지 열 곳(광주학생독립운동기념관, 충장사, 포충사, 국립 5.18민주묘지, 옛 전남도청과 5·18민주화운동기록관, 송호영당과 박용철 생가, 안중근 의사 동상과 숭모비, 정율성거리와 광주 3·1 운동 기념지, 김태원·심남일 의병장 기념지, 4.19민주혁명역사관)으로 안내하는 프로그램이었지요.

광주정신을 대표하는 위 열 곳엔 옳지 못한 강자를 향한 약한 자의 항변이 들어 있습니다. 강한 자에게 대항해 봤자 스러질 것이지만, 개인의 안위를 버리고서라도 공동체의 행복을 바라겠다는 정의가 광주정신의 큰 축인 셈이지요.

'광주정신 역사탐방지' 열 곳과 인물은 프로그램을 기획했던 이들이 선정한 것이고, 저 또한 역사여행이 주업인지라 광주정신 탐방 코스를 기획해야 할 때가 간혹 있습니다. 광주 시내권을 벗어나 동선을 넓게 잡을 때 담양의 독수정을 시작으로 무등산권 인물 벨트를 돌기도 하고, 더 멀리 잡을 땐 화순의 조광조적려유허지를 찾기도 합니다.

'조광조적려유허지'에서 광주정신을 찾아보려 합니다. 조광조는 조선 중기 중종 때의 문신이고, '적려'는 귀양살이하던 집을 가리키고, '유허지'는 자취가 남겨진다는 말입니다. 이곳은 조광조가 유배 온 자리이자 조광조가 사약을 받고 목숨을 다한 곳입니다. 전통 유교 사회에선 삶 자체도 중요하지만 언제, 어디서, 어떻게 죽는가도 중요한 문제였습니다. 삶은 유한하지만 죽음은 무한으로 들어가는 첫 관문이었기 때문입니다. 그는 자신이 유배 온 화순 능주에서 삶을 마칩니다.

어떤 사건을 바라볼 때 그 배경이 필요한데, 역사 기록은 왕조사 중심이라 왕조사를 이해해야 합니다. 조선시대 폭군으로 불리는 임금이 있지요. 바로 연산군입니다. '태정태세문단세…' 하면서 조선 왕 순서를 외워 보면 열 번째가 연산군이고 그다음이 중종입니다.

연산군의 폭정을 구실로 신하들이 들고일어나 임금을 갈아치웁니다. 그때 등극한 임금이 중종입니다. 중종은 잠자다가 자신이 임금이 되었다는 소식을 들었습니다. 신하에 의해 옹립된 임금이었으니 신하들의 발언권이 강했겠지요. 임금보다 더 센 신하들을 건제할 새로운 세력이 필요하던 차에 과거시험을 통과한 사림의 맥을 잇는 신진 조광조가 등장합니다. 조광조는 유학에서도 도학, 즉 의리와 명분을 지키는 원칙론자였습니다.

기존 보수층을 향해 "너희들이 왕을 새로 옹립했지만 너희들도 개혁 대상이다."라면서 할 소리 두려움 없이 그냥 하지요. 이런 모습이 중종의 마음에 들었습니다. 그래서 초고속 승진을 하고 4년 만에 사헌부 대사헌, 지금으로 치자면 검찰총장직까지 오르게 됩니다. 그런데 조광조는 너무 강하게 밀어붙였습니다. 심지어 임금인 중종에게 이거 해라 저거 해라 명령조로 말을 합니다.

개혁과 원칙을 주장하다 임금의 눈에 거슬렸고, 자기 것을 빼앗기지 않으려는 보수층에 의해 화순 능주에 유배당하고, 유배 온 지 한 달 만에 사약을 받아 명을 달리합니다.

그의 나이 서른아홉, 한양에서 잘나가던 시절에는 그를 따르던 많은 제자가 있었을 것입니다. 무등산권 정자 문화의 대표인 소쇄원의 주인인 양산보 또한 조광조의 직계 제자입니다. 10대 후반에 조광조의 제자가 되어 의리와 원리 원칙을 공부했을 터인데 스승은 임금이 내린 사약을 받고 생을 달리하고, 그러한 현장을 목격한 제자 양산보는 벼슬을 포기하고 강호에 숨어듭니다. 그러면서 스승이 가르침으로 내렸던 의를 목숨보다 중시하고, 또한 제자들에게도 그렇게 살아가라며 교육시켰습니다. 무등산권 인물 벨트 중심에 소쇄원이 있습니다. 거기서 이어지는 조광조의 올바름을 목숨보다 소중히 여기는 '의(義)'가 이쪽 사람들의 정서가 되었을 것이고, 광주정신으로 내려왔을 것입니다.

2019년, 국가보훈처에서 일제 치하 독립운동과 관련된 5,323명의 형무소 수감자를 확인해 발표했습니다. 그중 광주와 전남 사람은 1,985명으로 37.3%를 차지해 광역 단체 중 가장 많은 분포를 보였습니다. 1909년의 한말 의병 기록으로는 전국 의병 전투 횟수의 47.2%, 참여 의병 수의 60%가 호남 출신이었습니다.

'광주정신'은 40년 전 군사 권력에 항거한 5·18로 인해 생겨난 새로운 개념이 아닌 국가 위기 상황마다 정의를 내세우며 실천한 기록에서 확인할 수 있는 이 지역의 성향입니다.

광주정신을 실천했던 선대의 희생으로 지금은 공기처럼 민주, 인권, 평화를 누리고 있습니다. 광주정신으로 말미암아 민주, 인권, 평화를 얻게 되었다면, 지금 여기에서 우린 어떤 자세로 세상을 살아야 할까요?

누리는 권리만큼 공동체 성원으로서의 책임을 다하는 것이 광주정신을 실천하는 방법일 것입니다